Meine Depression hat nicht nur mich selbst, sondern auch mein Leben verändert.

Aus einer Frau, die gerne lachte, die sich über die Sonne freute und gerne etwas mit Menschen unternahm, wurde ein Häufchen Elend.

Immer weniger ging ich unter Menschen, war viel zu Hause, viel allein. Ich bräuchte ein wenig Ruhe, dachte ich immer wieder, sah die ganze Sache als nicht kritisch, schließlich braucht jeder mal eine Pause, einen gewissen Abstand.

Meine Kindheit war, nett ausgedrückt, schwierig. Sie war aufbrausend, sie war nicht so, wie eine Kindheit sein sollte. Sich davon erholen zu müssen, das ist ganz normal.

Doch aus einer Pause wurde ein Zustand. Nicht von heute auf morgen, nein, von Tag zu Tag schlich sie sich langsam ein. Weswegen es auch häufig schwierig ist, rechtzeitig zu handeln, weil man diese Krankheit nicht immer auf Anhieb erkennt. Zudem ist Abschottung ein sehr verbreiteter Teil einer Depression, Abschottung, die oft so weit geht, dass man nicht in der Lage ist, den Schritt, Hilfe zu holen, zu meistern. Und nein, dafür sind wir nicht zu faul, auch wenn es oft so scheint. Man sieht uns liegend im Bett, erschöpft vom Nichtstun, wir brauchen eine Auszeit, von der man sich Erholung verhofft, Ruhe vor der Stille, die viel zu laut ist. Diese laute Stille, jeden Tag, es sind unsere Gedanken, die uns quälen, die uns müde machen, was ihr da seht, den faulen Menschen, liegend in dem Bett, der sich kaum rührt, läuft in all der Zeit, in der er daliegt, tausende Schritte, eilt in einem Tempo, das ihr niemals erreichen werdet. Geht Wege und schlägt Schlachten, für die ihr nicht starkgenug wäret. Und dennoch kommt er keinen Schritt voran, weil diese Schlachten nur in seinem Kopf stattfinden. Es sind Gedanken, die ihr nicht versteht.

Und wie solltet ihr das auch? Wir reden ja nicht, wir äußern uns nicht.

Vielleicht sagen wir ab und an Dinge wie:

-Es geht mir nicht so gut

-Ich bin müde

-Ich habe Kopfschmerzen

Ja, all das kann zutreffen, doch das beschreibt die Situation nicht annähernd. Uns fehlt die Kraft, die Motivation, der Mut, uns zu erklären. Oft ist es auch die Angst, nicht verstanden zu werden, weshalb wir schweigen, denn was ihr versteht, wenn ihr das Wort ´Depression´ hört, sind die ersten Worte, die in der Suchmaschine unter dem Begriff dieser Erkrankung erscheinen. Wie bei anderen Krankheiten auch. Hört man das Wort ´Borderline´, denken die meisten an einen Menschen, der sich ritzt. Doch was diese Krankheit tatsächlich bedeutet, wissen nur wenige.

Ich habe mir Gedanken darüber gemacht, wie man Menschen, die unter einer Depression leiden, helfen kann. Es gibt unzählige Bücher gefüllt mit Tipps und Tricks, mit Ratschlägen und Heilungsmöglichkeiten. Sicherlich können diese helfen, doch ich bin der Meinung, dass Verständnis von außen die beste Chance auf eine Genesung ist, da ich der festen Überzeugung bin, Betroffene würden eher reden, wenn sie nicht mehr die Angst haben würden, auf Unverständnis zu treffen. Abgesehen davon sorgt das richtige Bild dieser Krankheit dafür, dass Angehörige einer betroffenen Person, zielführender eingreifen können, endlich richtig helfen können.
Doch um dieses Verständnis zu erlangen, wären wir wieder bei dem eben benannten Problem: Wie soll man einen Menschen verstehen, wenn dieser schweigt?
Auch ich rede nie darüber, wieso, das weiß ich nicht genau. Ob ich das jemals werde, auch das weiß ich nicht. Doch wenn ich schreibe, kann ich aufhören zu schweigen, ohne mit dem Reden beginnen zu müssen, und somit eine Möglichkeit gefunden, den stillen Schreien nach Hilfe eine Stimme zu geben.

Im Folgenden erwarten Dich mitreißende Kurzgeschichten, aber auch gesammelte Zeilen in Form von persönlichen Gedanken, rund um das Thema Depression, Einblicke dorthin, wo man normalerweise keinen Zutritt erlangt: In die Gedanken eines depressiven Menschen.
Da jeder Mensch anders ist und somit auch jede Depression individuell verläuft, bietet mein Buch Einblicke in verschiedene Perspektiven, verschiedene Menschen, verschiedene emotionale Geschichten, Zeilen; denn einer der größten Fehler ist der, einen Menschen mit einem anderen zu vergleichen. Und somit sollte man dies auch niemals mit einer Krankheit, die diesen Menschen begleitet, tun.

Wenn ich vor dir stehen würde, würde ich dir den Eindruck vermitteln, als ginge es mir gut, dass das Leben etwas Schönes sei. Ich würde viel lachen. Vielleicht würdest du wissen wollen, wie ich es schaffe, so ausgeglichen und entspannt zu sein. Denn ich würde eine angenehme Ruhe ausstrahlen. Du würdest nicht wissen, dass es in mir ganz anders aussieht. Aufgekratzt und verzweifelt.

Doch, wie kommt es, dass man dennoch eine solche Gelassenheit ausstrahlt? Ausstrahlen kann?

Indem genau das Gegenteil der Fall ist, indem in einem das Chaos herrscht, und das schon viel zu lange!

Aber das würde ich nur denken, es nicht aussprechen.

Du würdest mich wahrscheinlich für ein wenig verpeilt halten, wenig gesprächig, denn ich würde nicht viel sagen, wäre sehr schüchtern. Zurückhaltend. Ich wäre nett und hilfsbereit. Würde dennoch jede Gelegenheit nutzen, Abstand zu halten. Dennoch herüberschauen, weil ich eigentlich bei euch sein wollte. Würde mich aber nicht trauen, auf euch zuzugehen. Hätte zwischendurch Zweifel, ob ich es tatsächlich möchte, denn eigentlich würde ich allein sein wollen. Allein in meinem Zimmer. Genau dort, wo ich gerade bin.

Ich sitze auf meinem Bett und will sterben. Wie fast jeden Tag.

Wieso bringe ich mich nicht um?

Weil ich zu feige bin!

Warum ich nicht gehe?

Ja, aber wohin?

Irgendwohin, einfach nur weg. Aber wo ist dieses ′Irgendwo′? Wo lang muss ich laufen, um dorthin zu kommen? Und wenn ich da bin, was dann? Die Menschen hassen mich hier. Also werden sie mich auch dort hassen.

Mich umbringen, dann wäre alles vorbei. Das will ich nicht, ich will es nicht beenden, ich will, dass es besser wird.

Vielleicht wäre es dort besser, dort im Tod. Doch was, wenn nicht? Was, wenn es da noch viel schlimmer wäre?

Statt zu sterben, sitze ich hier und schreibe. Schreibe, dass ich mich umbringen will, schreibe, dass ich zu feige bin, es zu tun. Nicht nur die Feigheit, auch die Hoffnung hält mich am Leben, jeden Tag. Hoffnung, dass ich eines Tages etwas finden, das mir endlich einen Grund geben würde, leben zu wollen. Wirklich leben zu wollen. Ich will, dass da endlich mehr ist, als bloß die Hoffnung, die dafür sorgt, dass ich noch atme. Aber da ist nichts. Wo bist du? Grund, wo bist du? Irgendwo, aber nicht bei mir. Wo bleibst du? Jeden Weg gehe ich allein, jeden Weg muss ich allein gehen. Durch jeden Graben allein hindurch, mich immer wieder selbst herausziehen, ermutigen, weiterzugehen. Weiterzukämpfen.

Mein Leben lang schon musste ich kämpfen, hatte nie das Gefühl, eine Pause machen zu können. Ein Kampf ohne Pause, ohne eine einzige. Immer weiter, jeden Tag mit weniger Kraft als den Tag zuvor. Jeden Tag dem Tod ein Stück näher, aber die Hoffnung bleibt. Du bleibst. Du bist nicht da, das warst du noch nie, aber der Gedanke, dass du es eines Tages sein könntest, dass ich eines Tages einen Schimmer Gutes in meinem Leben finden könnte, lässt mich weiterlaufen, immer weiter.

Die Welt hasst mich und ich hasse die Welt. So war das schon immer. Noch nie war die Welt mein zu Hause gewesen, weil ich in dieser noch nie mein zu Hause gefunden hatte. Zwar hatte ich meist vier Wände um mich herum, doch ein zu Hause war nie dabei. Bloß Wände, die mich scheinbar vor Kälte und Unwetter schützen, doch nichts ist so kalt wie ein zu Hause, das keines ist.

Ich halte mich fern von der Welt da draußen, ich will es so, aber sie genauso. Manchmal, an besseren Tagen, wage ich einen Schritt, versuche, dich zu finden. Ab und an dachte ich, dich gefunden zu haben. Und einmal, vor ein paar Monaten, war ich mir so sicher wie noch nie, dich endlich gefunden zu haben. Endlich meinen Grund gefunden zu haben, leben zu wollen. Ich habe mich unsterblich verliebt, eine so starke Sehnsucht, die ich zuvor noch nie gespürt hatte. Also habe ich es versucht. Mein Herz geöffnet. Hätte mein Leben für diese Frau umgekrempelt, alles aufgegeben, nur für sie. Aber sie, sie wollte nicht. Sie will nicht. Wie jeder andere Mensch auch. Sie will alles, nur nicht mich. Niemand will mich. Daran muss ich mich wohl gewöhnen. Ich habe monatelang um diese Frau gekämpft, ohne auch nur eine Sekunde etwas zurückzubekommen. Ich habe ihr hunderttausend Zeilen geschrieben, ihr hunderttausend Zeilen gewidmet, gefühlt unendlich viele Sekunden damit verbracht, an sie zu denken, noch immer denke ich rund um die Uhr an sie. Bei jedem Lied, das ich höre. Bei jedem Film, den ich schaue. Bei allem, was ich sehe, was ich tue, fehlt sie mir. Stelle mir vor, wie sehr ich all die Dinge, die ich auf meinem Bildschirm sehe, mit ihr unternehmen möchte. Merke jedes Mal, wie mich die Trauer überkommt, durch das Wissen, so werde es nie sein. Niemals werde ich all diese Dinge mit ihr erleben. Und die Vorstellung, es mit einer anderen Person zu tun, bereitet mir keine Freude. Nur noch mehr Trauer, die sich in mir aufbauscht. Ein Trauerschleier, der so groß wird, dass Tränen fließen und ich auf Pause drücken muss. Jedes Mal. Ich kann mir nichts mehr anschauen, ohne an sie zu denken. Ohne sie zu vermissen. Immer nur sie. Überall nur sie.

Und sie? Sie reagiert nicht auf eine einzige Nachricht, will nichts von mir wissen, behandelt mich schlimmer als Dreck. Und wer kann ihr dies verübeln? Ich würde mich auch nicht wollen. Ich will mich nicht, ich will einfach nur weg von mir. Ich will doch einfach nur, dass alles vorbei ist.

Die Vorstellung, all die Dinge mit ihr zu tun, wenn es so wäre, ich wäre verdammt glücklich. Diese eine Person, die es schaffen würde, ein scheußliches in ein wunderbares Leben zu verwandeln. Einen traurigen Menschen, einen Menschen, der am Boden ist, völlig fertig, in den glücklichsten dieser Welt zu verwandeln. Aber. So wird es nie sein. Das weiß ich. Nicht mit ihr.

Ich habe Angst, Dinge zu erleben, ohne sie, Angst davor, dass es mich noch weiter runterziehen würde. Also mache ich gar nichts. Bin ständig zu Hause. Allein. Einsam. Im Dunkeln. Stille. Einsamkeit.

Und wieder weine ich. Sitze allein in meinem dunklen Zimmer und weine, weine immer öfter. Immer länger. Mit jeder Träne schwindet die Hoffnung ein Stück mehr. Aber noch ist sie da, sonst wäre ich nicht mehr hier. Verschwindet die Hoffnung, verschwinde ich. Aber noch bin ich da, also habe ich auch die Suche noch nicht aufgegeben.

Und vielleicht ist es das Warten wert. Warten darauf, eines Tages eine Person kennenzulernen, die aus mir einen zufriedenen Menschen macht. Dieses Gefühl, das Gefühl, geliebt zu werden, kenne ich nicht. Aber in meiner Vorstellung fühlt es sich wundervoll an. Ich weiß, wie es sich anfühlt, zu lieben. Die Vorstellung, dass jemand genau das für mich empfinden könnte, ist das Warten wert. Die Vorstellung, dass meine Liebe erwidert wird, ist in diesem Moment unvorstellbar, so weit weg, und trotzdem so wunderschön. Die Hoffnung, dass ich diesen einen Moment vielleicht irgendwann erleben darf, der dann aber auf Gegenseitigkeit beruht, ist der einzige Grund, wieso ich noch atme, wieso ich weiterkämpfe, niemals aufgebe. Das ist das Warten wert. Ich weiß nicht, wer du bist, nicht, wo du bist, und trotzdem warte ich auf dich, weil ich süchtig danach bin, dich kennenzulernen. Und wenn es so weit ist, werde ich nicht verstehen können, wieso du mich willst. Ich bin nicht einfach, das weiß ich. Das war ich nie und das werde ich auch niemals sein. Und trotzdem hoffe ich, dass du da draußen bist und dir das mit mir zumuten wirst. Willst.

Vielleicht wird es ja auch kein Mensch sein. Vielleicht wird es irgendetwas anderes sein, was mich glücklich machen wird. Vielleicht.

Ich sitze noch immer auf meinem Bett, meine Augen verheult, die Augenlider wie Blei, meine Nase zu, das Atmen fällt schwer, zu viele Zigaretten geraucht, habe zwar Hoffnung, aber merke, wie ich immer weniger daran glaube. Kein Fenster auf, denn jeder Schritt scheint einer zu viel.

Ich würde wieder besser atmen können, mein Leben endlich auf die Reihe bekommen. Aber du bist noch immer nicht da. Wo bist du? Jetzt, wenn ich dich doch so sehr brauche. Über tausend Wörter, wie ein Hilferuf nach dir, doch du hörst mich nicht, ich bin so wütend auf dich, wütend, weil du nicht hier bist. Ich weiß, ich darf nicht wütend sein, du kannst nichts dafür, trotzdem bin ich es, kann nichts dagegen tun.

Langsam, aber sicher, bin ich am Ende meiner Kräfte, versuche jeden Tag aufs Neue, Motivation zu finden, von Tag zu Tag versteckt sie sich besser, jeden Morgen ist der Schritt aus dem Bett schwerer, jeden Tag tut es ein bisschen mehr weh. Ich weiß nicht, wie lange ich das noch schaffe, aushalte. Wie lange kann die Hoffnung noch dominieren? Ich hoffe, dass du schneller bist. Bitte sei schneller, sei hier, bevor ich aufhöre zu atmen, bevor ich aufgebe, ich bin kurz davor, kann nicht mehr. Will nicht mehr. Ein paar Schritte schaffe ich noch, aber weit werde ich nicht mehr allein kommen, es fühlt sich an, als würde ich dem Ende immer näherkommen.

Jedes Mal, wenn ich kurz davor bin, alles hinzuschmeißen, wenn ich kaum noch Luft bekomme, schließe ich die Augen und stelle mir vor, wie ich zu dir ins Bett krabbele und mich in deine Arme kuschle. Das hilft mir, neue Kraft zu tanken, Kraft, die mich weitergehen lässt. Immer weiter. Bis zu dir. Hoffentlich. Vielleicht kommst du mir ein Stück entgegen, damit ich wenigstens diesen Weg nicht vollkommen allein meistern muss.

Es ist komisch. Als ich eben angefangen habe, zu schreiben, war ich am Ende mit mir selbst, doch nun, nachdem ich einige Zeilen geschrieben habe, geht es mir besser. Noch bis eben habe ich diese einsame Nacht gehasst. Doch das Schreiben sorgt dafür, dass es mir besser geht. Es ist wie ein Antidepressivum, mein Antidepressivum, mein bestes Medikament gegen jeden Schmerz, jeden Kummer. Nicht immer, aber manchmal schon. Und manchmal ist es auch das einzige, was hilft.

Ich muss mich gedulden.

Vielleicht aber wird es auch immer so bleiben. Vielleicht wird es da immer nur das Schreiben in meinem Leben geben, was mich auffängt, keinen Menschen.

Schon früher waren die Texte meine Zuflucht. Meine Flucht raus aus der Realität, rein in eine Welt, die zwar real und dennoch so anders war. So viel Wahres und dennoch so viel erfunden. So viel Vertrautes, eingefangen in etwas Fremdem, das dennoch real scheint. Manchmal.

Damals bin ich mit den Texten, meiner Kindheit geflohen. Schon damals habe ich mein Herz auf Papier gebracht, habe mein Leben niedergeschrieben, wie ein Tagebuch und dennoch waren die Geschichten der Realität fern. Was bedeutet schon Realität? Muss man etwas erleben, damit es real ist? Oder reicht es aus, es zu fühlen? Was, wenn es sich in Gedanken viel realer, viel schöner anfühlt?

Ich liebe es, zu schreiben. Besonders nachts. Wenn es dunkel ist, ruhig. Eingefangen in Stille und Einsamkeit. Nur meine Gedanken und ich. Niemand sonst. Die Welt in meinem Kopf befreit, zum Leben erweckt, erfindet Geschichten, verarbeitet, erlebt.

Von Zeile zu Zeile geht es mir besser. Entferne mich dem Selbstmord mit jedem Wort. Morgen das ganze Spiel von vorne. Aber der Stift hilft mir, schenkt mir Kraft. Das vergesse ich jedes Mal. Jedes Mal erneut, wenn es mir nicht gut geht, denke ich, dieses Mal wäre das Loch zu tief, dass mich das Schreiben rausziehen könnte. Also lasse ich den Stift liegen, versinke in Selbstmitleid, gebe auf. Doch dann, kurz vor dem Ende, als könnte ich nicht anders, greife ich nach dem Stift, fange an zu schreiben, habe gar keine Wahl. Und schon fühle ich mich besser, schon finde ich Gefallen am Leben. Keinen großen, nicht für lange, aber genug, um die Nacht zu überleben. Genug, um aufzuwachen und den ganzen Scheiß von vorne zu durchleben.

Es gibt Momente, in denen mir das Schreiben nicht reicht. Momente, in denen es hilft, aber nicht genügt. Ich rede von den Momenten, in denen ich dich vermisse. In denen ich dich bei mir haben will, aber du nicht hier bist. Ich kann dich nirgends finden. Auch dann nicht, wenn ich suche. Erst recht nicht, wenn ich suche. Ich habe das Gefühl, je mehr ich nach dir auf die Suche gehe, desto mehr Hass prallt gegen mich.

Zeige ich Interesse, verachtet man mich. Zeige ich keines, das gleiche. Süchtig nach dieser Frau, und der Gedanke, dass es jemals vorbeigehen könnte, unerreichbar. Doch auch die Angst, dass ich nie wieder für eine Person solch starke Gefühle entwickeln würde. Was, wenn ich sie liebe? Für immer? Eine ewig unerwiderte Liebe. Das halte ich nicht aus. Aber ich gebe die Hoffnung nicht auf, mich neu zu verlieben. In eine Frau, die das gleiche für mich empfindet.

Genau jetzt kommt so ein Moment, genau jetzt, einige Zeilen geschrieben, eine Sucht, so könnte man sagen, befriedigt, wartet die zweite. Aber sie muss wohl noch lange warten. Denn, wenn ich zu meiner Seite schaue, bist du nicht da. Ich brauche dich so sehr, diese Liebe, sie fehlt mir unglaublich. Ich schreibe weiter, merke aber, wie es in diesem Moment mehr und mehr nachlässt, wie ich mich einfach hinlegen, dich in meinen Arm nehmen möchte. Einfach daliegen. Deine Nähe spüren. Ich hätte niemals gedacht, dass ich mich jemals nach Solchem sehnen würde.

So, da bin ich wieder. Ich habe etwas geschlafen und war anschließend einkaufen, durch das Grauen namens Alltag verschluckt.

Jetzt, endlich, ist es wieder dunkel. Stille um mich herum, die Einsamkeit. Ich liebe es. So tief eingraben in die Einsamkeit, dass da nur noch meine Gedanken und ich sind. Aus den Gedanken eine Welt erschaffen, meine Welt erschaffen, eine Welt, die mir die Möglichkeit gibt, einsam zu sein, ohne mich einsam zu fühlen.

Ich habe Angst, dass ich das verlieren könnte, wenn eines Tages jemand bei mir wäre. Angst, dass ich meine Gedankenwelt vergessen könnte, mich nur noch auf die Realität konzentrieren würde.

Ja, die Realität fehlt mir. Wenn aus meinen Gedanken etwas Reales würde, wäre es perfekt, doch so, wie meine Gedankenwelt aussieht, werde ich die Realität niemals formen können, und deswegen weiß ich nicht, ob mich etwas nicht Perfektes, aber Reales, glücklich machen würde. Ja, ich könnte in zwei Welten leben. Die eine Welt, das Reale, die andere in meinen Gedanken. Doch das Problem ist, dass der Grundstein für meine Gedankenwelt die Sehnsucht ist. Die Sehnsucht, meine Gedanken in etwas Reales zu verwandeln, exakt so, wie ich es in meinen Vorstellungen erlebe, bildet diese Welt in meinem Kopf. Und diesen Grundstein würde es nicht mehr geben, wenn sich herausstellen würde, dass die Umwandlung nicht zu hundert Prozent funktioniert. Dann würde ich meine Welt verlieren, nur noch in einer Welt leben, die mich nicht zufrieden stellen würde. Und ich weiß, was das für mich bedeuten würde, es wäre mein Ende.

Schon mein ganzes Leben lang sehne ich mich nach Glück, vielleicht schon so lange, dass ich angefangen habe, mich in diese Sehnsucht, in die Schmerzen, zu verlieben.

Wir Menschen sind Gewohnheitstiere. Vielleicht habe ich mich schon zu sehr daran gewöhnt, zu sehr, um mich von den Schmerzen jemals trennen zu können. Verliebt in die Schmerzen. Verliebt in den Hass. In die Sehnsucht. Vielleicht so sehr, dass es ein Zurück nicht mehr gibt.

Doch es ist eine Liebe, die niemals glücklich machen kann. Jedenfalls nicht auf die Art und Weise, wie sie ein Mensch braucht. Aber das versteht nur jemand, dem es genauso geht. Alle anderen, sie können uns niemals verstehen. So sehr sie es auch versuchen, sie werden diese Welt in unserem Kopf niemals zu deuten wissen. Wir könnten es versuchen, zu erklären, doch es würde nichts bewirken. Denn es ist eine Welt, in der man leben muss, um sie zu sehen. Zu verstehen. Zu leben.

Aber vielleicht gibt es einen Weg zurück. Auch für mich. Aber ich finde ihn nicht. Hoffe noch immer, ihn eines Tages zu finden. Bitte zeigt mir jemand diesen Weg. Allein finde ich ihn nicht.

Ganz gleich, ob es jemals so weit sein wird oder nicht, noch scheint die Zeit nicht reif, noch muss ich mich mit meiner Welt begnügen, die Welt in meinem Kopf. Und genau dorthin werde ich jetzt wieder gehen.

Es ist komisch, sich vorzustellen, dass da draußen jemand sein könnte, mit dem man in Zukunft viel Zeit verbringen werde, vielleicht sogar sein restliches Leben, und diese Person dennoch, genau jetzt, nicht mal einen kleinen Platz in deinem Leben hat, sie ist einfach nicht existent, und dennoch verbringt man Stunden damit, an sie zu denken.

Vielleicht bist du da draußen. Vielleicht bist du gerade verliebt. Was machst du in diesem Moment? Wenn ich könnte, würde ich zu dir laufen. Aber so weit soll es wohl noch nicht sein. Wir haben wohl noch vieles zu erledigen, vieles zu erleben, bevor wir bereit sind, uns zu begegnen. Vielleicht müssen wir vorher noch Dinge lernen, damit wir sie bei uns richtig machen, vielleicht müssen wir vorher noch ein paar Mal verletzt werden, um einen noch stärkeren Panzer aufzubauen, mit dem wir uns gegenseitig schützen können. Vielleicht müssen wir uns vorher noch ein paar Mal verlieben, um Erfahrungen mitnehmen zu können, die wir beide für unsere Beziehung später brauchen werden. Vielleicht muss unser Herz vorher noch ein paar Mal gestohlen werden, um zur Not unser Leben füreinander geben zu können. Unsere Seele.

Ich hasse es, nicht bei dir sein zu können, wenn du weinst.

Die letzten Tage ging es mir besser, ich habe nicht mehr daran gedacht, meinem Leben ein Ende zu setzen.

Auch heute noch geht es mir besser, doch komischerweise ist der Drang, alles zu beenden, wieder stärker. Die Motivation anscheinend schlechter, Motivation, zu kämpfen, geringer, obwohl es mir besser geht. Ein Durcheinander. So schnell kann es sich ändern. Als stünde ich an einer Klippe. Mal näher, mal weiter entfernt. Als würde ich würfeln, ein falscher Wurf, ganz gleich, wie weit von der Klippe entfernt, und ich müsste springen. Schon oft habe ich mir die Frage gestellt, ob ich an einer Depression erkrankt sei. Bei einer Depression fühle man nichts, so heißt es. Ich fühle. Ich fühle so viel. Entweder lügen all diese Menschen oder ich bin nicht depressiv. Ich fühle jeden Tag. Ich fühle Schmerz, Trauer, ich weine. Ich weine sehr viel. Bin ich depressiv? Ich weiß es nicht.

So oder so, irgendetwas stimmt nicht. Kein Wunder. Wer schon ohne Liebe aufwächst, ohne Unterstützung, ohne Halt, eine solche Basis, die kann nur krank machen. Wem beigebracht wird, wertlos zu sein, fühlt sich irgendwann auch so.

Bitte komm bevor ich sterbe!Bevor ich mich umbringe ich habe das gefühl ich halte es nicht mehr lange aus.Schon oft habe ich daran gedacht aber es noch nie versucht doch das Gefühl wird stärker. Der Drang allesloszulassen endlich alles loslassen zu können immer präsenter.Auch sonst schreibe ich es auf, aber gerade ist es anders.Gerade schreib ich es nicht nieder, ich schreibe es runter. Viele Fehler, kaum lesbar,als würde ich es nicht formulieren sondern rausschreien Ich denke gerade nicht darüber nach wie ich es am besten formulieren kann, fülle einfach nur die Zeilen.In einer unbeschreiblichen Zeit. Was ist los?Ich habe Angst. Angst die Kontrolle zu verlieren. Irgendwas fühlt sich gerade anders an, schlimmer an. Ich habe Angstdass ich mich umbringe, angst,dass ich es bereuen könnte, auch wenn das dann nicht mehr möglich ist.

Das Schreiben schon immer mein ventil, doch in diesem moment ist es mehr als das, in diesem Moment ist es das erste Ma der wirkliche Ausweg aus dem Suizid.nHoffentlich ist das Schreiben stark genug, um mich fernzuhalten. Fern von Tabletten, fern von hohen Häusern Fern von meiner Terrasse. Würde ich diesen Sprung überleben? Würde ich überhaupt springen Nein, ich würde Tabletten schlucken oder mich mit einer Plastiktüte ersticken wahrscheinlich Zweiteres. Das könnte sogar ganz schön sein würde mir bestimmt gefallen, ganz langsam auf diese art und weise einzuschlafen.Ich muss jetzt aufhören zu schreiben sonst greife ich gleich zu einer Tüte aufhören zu schreiben, weil mir der Gedanke von Zeile zu Zeile immer besser gefällt von Wort zu Wort kann ich dasGefühl immer mehr immer deutlicher in mir spüren, dieses gefühl, eine Tüte über meinem Kopf.
Jetzt ist es so stark, dass ich mich schon danach sehne. Nicht unbedingt nach dem Tod, aber nach diesem Gefühlwenn ich in dieser welt versinke, aus dieser Welt versinke Ganz langsam verschwinden in eine viel schönere Welt. Ich muss jetzt gan dringend aufhören zu tippen. habe ich eine Tüte da? Ich gehe kurz schauen.
Ich bin in der Küche. Das einzige, was ich dahabe, Mülltüten. Also nehme ich mir eine, es dauert, bis ich es schaffe, sie abzutrennen. Sogar zu blöd zum Umbringen, hm!? Laufe nach oben, lege mich in mein Bett. Auf den Rücken, ziehe die Tüte über meinen Kopf. Presse, da diese doch ziemlich groß ist, sie bietet zu viel Platz, den ich versuche, verschwinden zu lassen. Ich bin mir nicht sicher, ob die Ränder zu sind, will es auch nicht gleich übertreiben, indem ich sie abschnüre.
Und nun liege ich da. Warte. Atme.
Es passiert nichts.

Irgendwann bekomme ich trotzdem Panik, es ist zwar nichts passiert, aber die Angst davor, dass etwas passieren könnte, ist kurz da. Ich weiß zwar, dass ich die Tüte jederzeit abnehmen könne, doch vielleicht habe ich auch nur Angst, dass es anfangen könnte, zu sehr zu gefallen. Denn Gefallen empfinde ich bereits jetzt. So großen, dass es mich erregt und ich wie auf Knopfdruck einen Orgasmus bekomme.

Anschließend ziehe ich die Tüte hastig runter.

Diese hat mein Gesicht nicht lange versteckt, Luft habe ich die ganze Zeit über recht gut bekommen. Dennoch liege ich fast atemlos da. Jedoch mehr von Verwunderung geprägt. Verwunderung über den Höhepunkt, da ich nicht davon ausgegangen bin, heute noch einen erreichen zu können, doch dann, von der einen auf die andere Sekunde, bin ich einfach gekommen, musste meine Fingerspitze nur ein einziges Mal zwischen meine Beine drücken, ganz leicht, und schon war es so weit gewesen.

Ich ziehe die Tüte erneut über meinen Kopf, dieses Mal lasse ich noch weniger Luft in ihr.

Und jetzt merke ich das erste Mal, dass es doch anstrengend wird, ich bekomme immer weniger Luft, das Atmen fällt schwerer. Von Sekunde zu Sekunde wird es mühseliger, genügend Luft in meine Lunge zu ziehen, den Geruch der Mülltüte sauge ich mit auf, nehme ihn immer deutlicher wahr. Wieder erreiche ich einen Höhepunkt, wieder hat es mich so sehr erregt, dass ich meine Hände nicht oberhalb meiner Hüfte lassen konnte.

Doch dieses Mal nehme ich die Tüte im Anschluss nicht ab, halte sie noch immer mit meiner linken Hand, mit meinen Fingern fest, sodass keine Luft von außen eindringt.

Und dann kommt mir der Gedanke, für wen ich weiterleben würde. Nein, ich rede nicht von dem Moment, kurz vor dem Tod, in dem man sein Leben an sich vorbeiziehen sieht. Ich bin noch völlig bei Bewusstsein, bekomme zwar spärlicher, doch noch genügend Luft, habe mir diese Frage einfach selbst gestellt, sage mir immer wieder selbst: Nici, nimm die Tüte ab!

Und ich suche nach einem Grund, warum ich die Tüte abnehmen sollte, aber immer komme ich zu dem Entschluss, es gibt keinen Grund, also lasse ich sie auf. Ich denke an meine kleine Schwester. Lasse sie auf. An das Schreiben. Lasse sie auf. An Lexa. Ich lasse sie auf.

Es dauert noch kurze Zeit, doch dann taucht mein leicht verschwitztes Gesicht wieder an die Freiheit, an die freie Luft. Aus irgendeinem Grund habe ich sie abgenommen. Doch, sollte ich mich irgendwann umbringen, dann wahrscheinlich so.

Dass meine Sehnsucht nach dem Tod an manchen Tagen größer ist als an anderen, das ist nichts Neues, es schwankt, das weiß ich, das kenne ich, ich kenne die Angst davor, doch so weit bin ich zuvor noch nie gegangen. Und das, obwohl es mir die letzten Tage besser ging.
Jetzt habe ich natürlich noch mehr Angst, jetzt, wo ich weiß, wie weit es irgendwann gehen könnte. So, wie es jetzt ist, möchte ich nicht weitermachen, aber ich habe immer noch die Hoffnung, dass es besser wird. Doch was ist, wenn es erst besser würde, wenn es zu spät ist?
Wenn es nicht besser werden sollte, nimm mir das Leben.
Ich weiß nicht, an wen ich das richte, aber wenn irgendetwas da draußen ist und weiß, dass es nicht besser wird, dann lass mich sterben. Sollte es irgendwann, eines Tages, besser werden, lass mich leben und lass mich starkgenug sein, bis dahin zu warten. Fuck, ich will doch nur einmal das erleben, dieses Gefühl, was die Menschen da draußen zum Lächeln bringt. Ich erwarte doch nicht, dass es mir auf ewig gut geht, ich will es doch nur einmal erleben. Einmal. Bitte. Und was danach passiert, ist mir egal, wirklich, es ist mir egal, nur einmal, danach kann alles vorbei sein. An wen soll ich mich richten? Ich glaube nicht an einen Gott, bin der Meinung, jeder ist seines Glückes Schmied, dass man selbst kämpfen muss, um zu gewinnen, aber genau das mache ich doch, mehr als die meisten anderen, und dennoch schaffen sie es. Und ich nicht.
Auch wenn es nach außen nicht den Anschein macht, als würde ich kämpfen, darüber bin ich mir bewusst. Doch glaube mir, genau das tue ich. Ich kämpfe. Und zwar jeden Tag. Jede Sekunde. Schon mein ganzes Leben lang. Bin in den Kampf eingeboren und seit jeher darin gefangen. Sie denken, man wäre faul, wenn man sich in einem Zimmer einschließt, sich tagelang nicht meldet, sich Ewigkeiten nicht blicken lässt, doch wie beschäftigt man sein kann, gerade in den Momenten, in denen man ganz still dasitzt, werden sie nie verstehen.
Ich habe kein Leben mehr, eigentlich hatte ich noch nie eines, jedenfalls keines, was man Leben wollte, nein, mein Leben war noch nie lebenswert. Noch nie hatte ich das Gefühl, zu leben.
Zu wenig, um zu leben, doch anscheinend zu viel, um zu sterben.
Stunden vergehen.

Tage vergehen.

Monate ziehen vorbei.

Kein Monat, der Spannendes mit sich bringt. Kein Moment, der es wert ist, ihn zu erleben. Doch die Hoffnung bleibt. Die Kraft jedoch schwindet. Vielleicht zahlt sich die Hoffnung eines Tages aus. Vielleicht wird es das Kämpfen eines Tages wert sein. Vielleicht werde ich diesen Kampf eines Tages gewinnen. Vielleicht. Wer weiß das schon.

Vielleicht wäre es so gewesen. Vielleicht hätte sich die Hoffnung eines Tages ausgezahlt. Vielleicht wäre es der Kampf eines Tages wert gewesen. Vielleicht hätte sie diesen Kampf eines Tages gewonnen. Vielleicht. Wer weiß das schon. Wer weiß, was ihr Leben noch alles mit sich gebracht hätte. Wer weiß, ob sie eines Tages glücklich gewesen wäre. Doch wenigstens ein kleines Ziel, für sie ein großes, das hatte sie erreicht. Sie hatte gelächelt. Mit ihrem letzten Atemzug, die Gedanken frei, ihr Mund, der sich zu einem Lächeln formte, als sie bemerkte, dass sie befreit war von dem Unheil in ihrem Kopf, dass sie sich ausruhen konnte, endlich, die quälenden Gedanken waren geflüchtet, einfach nicht mehr da.
Auch nach ihrem Tod hörten die Menschen nicht auf zu reden. Auch da noch machte man ihr Vorwürfe, prügelte verbal auf sie ein. Sterben sei egoistisch. Egoistisch, das war sie nie. Doch war sie die einzige, die das wusste.
Aber von all dem bekommt sie nichts mehr mit. Das Chaos um sie herum, sie mittendrin, doch in ihr, völlige Ruhe, eine Zufriedenheit. Ihr ganz eigenes, kleines Glück.
Sie hat gekämpft. Ihr Leben lang.
Bis das letzte Wort erreicht.

o   *Gib heute
    nicht auf,
    denn du
    weißt nie,
    was das
    Morgen
    aus dem
    Gestern
    macht*

Nicht viel gemacht, wie jeden Tag, und dennoch fühlte ich mich erschöpft und völlig ausgelaugt.

Am nächsten Tag würden wir umziehen, vorher müsste ich mein Zimmer aufräumen, einräumen, alles in Kisten packen, doch mir fehlte die Kraft.

Ich wollte nicht, dass er mein Zimmer so sehen würde, also konnte ich ihn nicht um Hilfe bitten. Niemand sollte mein Zimmer so sehen. Außer ihm gab es da sowieso niemanden in meinem Leben. Nicht mehr.

Ich versuchte mich aufzuraffen, um wenigstens ein bisschen zu schaffen, doch schon nach wenigen Sekunden ließ ich mich zurück auf mein Bett fallen. Schlafen konnte ich nicht, meine Kopfschmerzen hielten mich davon ab. Wie so oft.

Spät in der Nacht.

Noch immer war ich wach, noch immer hatte ich kaum einen Finger gerührt. Schon um sieben Uhr, in wenigen Stunden, würde mein Wecker klingeln. In diesen drei Stunden alles einzupacken und zu schlafen, nein, dafür wäre die Zeit zu knapp.

Stattdessen bemitleidete ich mich weiter, lag in meinem Bett und wusste nichts anzufangen. Langeweile überkam mich. Die Kopfschmerzen wurden immer stärker. Ich schluckte zwei Tabletten, um die Schmerzen zu mindern, und beschloss, zu versuchen, zu schlafen. Die Tränen, die über mein Gesicht flossen, wischte ich immer wieder weg, versank immer tiefer in einem Loch.

Nur eine Türe, die uns trennte. Eine Türe, und doch zwei Welten. Nicht gerne hielt ich mich außerhalb meiner vier Wände auf, dennoch war ich froh, zu wissen, dass hinter dieser Türe jemand war. Mein bester Freund. Heute werden wir umziehen, jedenfalls damit anfangen, mal schauen, wie weit wir kommen werden.

Viel geschlafen hatte ich die Nacht nicht. Die Vorstellung, den ganzen Tag über beschäftigt zu sein, machte mir Angst. Einerseits, andererseits freute ich mich, endlich mal aus meinem Zimmer zu kommen, etwas anderes zu sehen, nicht die ganze Zeit allein zu sein. Obwohl ich eigentlich genau das wollte. Allein sein.

Abgemacht war, dass wir um sieben Uhr morgens anfangen würden. Pünktlich war ich aufgestanden und saß nun schon seit gut einer halben Stunde auf meinem Bett und wartete. Noah, mein bester Freund, schien verschlafen zu haben. Er hatte am vergangenen Tag sehr lange gearbeitet, weswegen ich ihn noch ein wenig schlafen ließ.

Da ich jedoch wusste, dass Müdigkeit und Lustlosigkeit mich schnell einholen könnten, verließ ich um acht Uhr mein Zimmer, ging bis zur anderen Seite des breiten Flures, betrat sein Zimmer und weckte ihn.

„Schon?", murmelte er.

„Schon? Du hast verschlafen, es ist acht Uhr."

Ich ließ ihn wieder allein und hoffte, dass er bald aufstehen würde.

Müde torkelte er wenige Minuten später an mir vorbei, geradewegs ins Badezimmer.

Nachdem er in diesem fertig war, setzte er sich zu mir in die Küche.

„Bitte", sagte ich gutgelaunt und streckte ihm eine Tasse Kaffee entgegen.

„Danke." Er nahm einen Schluck und seufzte. „Ich habe keine Lust."

Im Gegensatz zu ihm war ich wahnsinnig motiviert. Es ging mir gut und ich freute mich, dass mir dieser Tag endlich etwas Abwechslung schenken würde. Für die meisten waren Umzüge etwas Ätzendes, doch wahrscheinlich war die Tatsache, dass mein Leben sehr langweilig war, ich keine Abwechslung fand, der Grund dafür, wieso ich mich über solche, für mich fast schon Ereignisse, freute.

Ich hatte kaum geschlafen. Schon um halb sechs war ich aufgestanden und hatte mein Zimmer in Kartons verstaut. Es hatte nicht allzu lange gedauert. Zugegeben, ich hatte mir keine große Mühe gegeben. Die ganze Unordnung bloß in die Kisten geklatscht, doch das war mir egal gewesen.

Nachdem auch ihn der letzte Funken Schlaf verlassen hatte, begannen wir damit, die Möbel abzubauen. Die Wohnung war nicht groß, die Einrichtung spärlich, sodass es nicht allzu viel Zeit in Anspruch nahm. Es machte mir Spaß. Ihm eher weniger. Doch mit der Zeit schaffte ich es, ihn mit meiner guten Laune anzustecken, sodass der Umzug weitaus einfacher zu meistern war.

Am späten Abend waren wir dann endlich fertig. Alle Möbel befanden sich aufgebaut in der neuen Wohnung. Es war ein langer und anstrengender Tag gewesen, doch auch ein produktiver.

Nachdem wir noch schnell etwas gegessen hatten, legte er sich schlafen. Ich ging in mein neues Zimmer, schloss die Türe hinter mir, nahm mir eine Dose zu trinken und setzte mich mit dieser auf mein Bett.

Mein Blick schwenkte durch den ganzen Raum. Noch immer hatte ich die Hoffnung, dass der Umzug, die neue Wohnung, auch etwas an meinem Leben ändern würde. Natürlich nahm man Probleme überall mit hin, ein Ortswechsel löste diese nicht in Luft auf, doch vielleicht würde ich an diesem Ort mehr Kraft finden, mehr Motivation, an meinem Leben etwas zu ändern. Raus aus dem grauen Loch zu kommen, in dem meine Seele wohnte. Vielleicht werde ich hier ja sogar irgendwen kennenlernen. Ich hatte Hoffnung.

Die ersten beiden Tage gelang es mir, Ordnung zu halten. Ich räumte auf, putzte, fühlte mich etwas normaler.

Doch es dauerte nicht lange, bis ich in mein altes Muster zurückfiel. Mein Zimmer vermüllte immer mehr, Spül räumte ich nicht mehr weg, Müll genauso wenig, mein Boden verdreckte. Mein ganzes Zimmer verwüstete. Die Leere in mir, die ich gehofft hatte, hier zu verlieren, tauchte wieder auf, breitete sich in mir aus, als wäre es ihr zu Hause, als wäre es eine Selbstverständlichkeit einfach einzutreten, ohne vorher darum zu bitten.

Mein bester Freund fragte mich, ob ich mit ihm einkaufen möchte, als ich gerade in der Küche stand, um mir etwas zu essen aus dem Kühlschrank zu holen. Da es das letzte war, was ich dahatte, fuhr ich mit ihm.

„Geht es dir gut?", wollte er wissen, während wir im Auto saßen.

„Sehr gut. Und dir?"

„Immer."

Wir unterhielten uns, ich lachte, ich war glücklich. Jedenfalls schien es so. Denn in Wahrheit ging es mir überhaupt nicht gut. Ich fühlte mich träge, geschafft und lustlos. Doch das zeigte ich ihm nicht. Nach außen war ich meistens gut gelaunt. Und wenn es mir so übel ging, dass ich es nicht mehr schaffte, diese Maske aufrechtzuhalten, schob ich es auf irgendeine Kleinigkeit, gab aber niemals zu, was tatsächlich in mir vorging, wie schlecht es mir tatsächlich ging. Nein, das wusste nur eine Person auf dieser Welt: Ich!

Es gab zwar noch zwei Menschen auf dieser Welt, die wussten, dass ich eine schlechte Phase gehabt hatte, jedoch wussten sie nicht, dass diese Phase noch immer nicht vorbei war.

Wieder zu Hause.
Von Stunde zu Stunde tauchten meine Mundwinkel immer mehr ab. Ich suchte die Freude in mir, konnte sie aber nicht finden. Stattdessen fühlte sich mein Gesicht wie gelähmt an, der Körper schwer, jede noch so kleine Tätigkeit zu groß. Fiel immer tiefer. Überfordert bei der kleinsten Beschäftigung, sodass ich die meiste Zeit im Sitzen oder Liegen verbrachte. Ich wusste nichts mit mir anzufangen, wollte nicht raus, wollte niemanden sehen, nichts hören, und dennoch war sie wieder da, meine chronische Langeweile, die dafür sorgte, dass ich es kaum aushielt, allein in meinem Zimmer zu sitzen, nichts zu tun, doch im gleichen Moment wollte ich genau das, nichts tun. Diese Stunden waren qualvoll, jedes Mal aufs Neue. Hunger hatte ich keinen, doch die Langeweile sorgte dafür, dass ich mich vollstopfte. Meine Augen, sie taten leicht weh, als würde ich jeden Moment anfangen zu weinen, doch das tat ich nicht. Wieso sollte ich es auch? Wieso sollte ich weinen? Worüber? Ja, stimmt, eigentlich gibt es so viel, weswegen ich weinen könnte, doch in diesem Moment schien selbst das für meinen Körper zu viel.
Langsam suchte ich das Badezimmer auf.
„Alles gut?", hörte ich Noah fragen.
„Joa. Doch noch wach?"
„Ich konnte nicht schlafen."
„Hm." Ich wollte nicht reden, hoffte, er würde nicht nachhaken, mich einfach in Ruhe lassen.
Doch das tat er nicht. „Was ist los?"
Ich wollte es ihm nicht sagen, hatte jedoch keine Energie, alles zu überspielen. „Kopfschmerzen."
„Stark?"
„Mhm", sagte ich nickend.
„Du siehst auch ziemlich fertig aus. Komisch, dir ging es eben doch noch gut."

Wie oft ich diesen Satz schon von ihm gehört hatte. Dir ging es eben doch noch gut. In diesen Momenten kam ich mir immer so vor, als würde ich übertreiben, als würde es mir in Wahrheit gar nicht so schlecht gehen, als wäre ich einfach nur zu schwach. Doch im gleichen Atemzug war ich mir bewusst darüber, dass dies nicht so war. Nein, ich übertrieb nicht. Doch das konnte er nicht wissen. Wie auch?

Dennoch gab es immer wieder Sätze, die man nicht hören wollte.

Ich weiß, die Menschen können nichts dafür, sie meinen es nicht böse, sie sagen es nicht, um einen runterzuziehen, sie wissen bloß nicht, wie es in einem drin aussieht. Für sie steht nur ein Mensch mit Kopfschmerzen vor ihnen. Oder ein Mensch mit schlechter Laune. Doch, dass diese Menschen krank sein können, das sieht niemand.

Und wir sind es oft selbstschuld, weil wir es ihnen nicht zeigen, wir reden kaum oder gar nicht darüber, verstecken diese Krankheit.

Ich weiß nicht, wieso viele andere diese Krankheit verstecken, ich kann nur für mich sprechen, ich verstecke sie, weil sie nicht ernstgenommen wird. Ich rede nicht darüber, weil eine Depression für die meisten bloß eine schlechte Laune ist, eine Kleinigkeit. Und das kann man all diesen Menschen nicht übelnehmen, denn das ist schließlich das Bild, welches verbreitet wird. Wenn niemand ein anderes Bild verbreitet, wie sollen sie es dann verstehen? Ja, hier und dort, da blitzt die Wahrheit über das, allen bekannte, Wort ´Depression´ durch, doch diese Wahrheit erreicht nur wenige Menschen, aber die Krankheit so viele.

Vielleicht wird das irgendwann anders sein. Hoffentlich. Ich habe nicht die Kraft, nicht den Mut, darüber zu sprechen, der Menschheit zu zeigen, was wirklich in uns vorgeht, aber vielleicht hat diesen Mut jemand anders.

Jemand, der damit vielen Menschen helfen kann und helfen wird. Damit auch andere keine Angst mehr haben, ihre Krankheit zu äußern, damit wir uns nicht mehr Dinge anhören müssen wie beispielsweise:

-Denke doch einfach an was anderes

-Lenk dich ab

-Denke einfach nicht mehr darüber nach

-Jeder hat mal schlechte Tage

-Kann schon nicht so schlimm sein

-Beschäftige dich

-Wenn dir langweilig ist, dann mach doch was

Ja, aber was? Und wie? Mach doch was, es ist so leicht gesagt, für andere
vielleicht auch leicht umzusetzen, doch wie soll man etwas machen, da unten
in der Tiefe, wie soll man etwas machen, wenn der Körper so schwach ist,
der Geist noch viel schwächer.
-Gehe einfach raus, lerne Leute kennen

Auch das ist leicht gesagt, ja, es gibt gute Tage, Tage, an denen man
motiviert ist, doch das Tief sitzt im Nacken, hat Freunde vertrieben, die
Angst geschickt, all die Menschen, ich traue mich nicht raus, habe Angst,
weil sie mich sowieso hassen würden, mach doch mal was, so einfach gesagt,
denn nur weil man es geschafft hat, für ein paar Stunden aus dem tiefen Loch
zu kriechen, bedeutet es noch lange nicht, dass man wieder festen Boden
unter den Füßen hat, nein, man ist endlich oben, raus aus der Dunkelheit,
doch die Füße finden keinen Halt, man schwebt, doch nicht für lange, schon
fällt man wieder, sitzt wieder unten, auf dem Bett, weint, fühlt sich einsam,
ist einsam, sehnt sich danach, wieder zu schweben, obwohl man ganz genau
weiß, auch dort oben erwartet einen die Einsamkeit. Vielleicht ist man dort
oben nicht immer allein, doch nicht allein zu sein bedeutet nicht, sich nicht
einsam zu fühlen.

Zurück im Zimmer, das Licht schaltete ich aus, stieß mit meinem Arm gegen
ein Glas, es fiel zu Boden. Ich ließ es liegen, räumte es nicht weg, wollte nur
noch schlafen, nichts mehr machen, erst recht keine Ordnung.
Irgendwann schaffte ich es endlich, einzuschlafen.
Doch auch dort keine Ruhe. Mal wieder dieser Traum, der mich die letzten
Monate immer wieder heimsuchte. Ich renne, ich versuche zu rennen. Ich
will rennen, aber ich werde nicht schneller. Ich muss rennen, aber mit jeder
einzelnen Zelle spüre ich Kraftlosigkeit, die dafür sorgt, dass ich nicht
schneller rennen kann. Ich renne nicht, ich gehe, aber ich will rennen, keine
Kraft, mein Tempo bleibt das gleiche. Wie eine nicht sichtbare Wand, die
mich aufhält.

Einige Wochen später.

Mir war mittlerweile bewusst geworden, dass der Umzug nichts ändern konnte. Auch in der neuen Wohnung hatte ich keine frische Motivation gefunden, jedenfalls keine, die mich für immer aus diesem Loch ziehen würde. Auch neue Leute hatte ich nicht kennengelernt. Nein, es war alles beim Alten, nichts hatte sich verändert. Nichts außer meiner Anschrift. Das Haus, in dem ich wohnte, war nicht mehr das gleiche, doch das Grauen, welches in mir wohnte, war es. Es war noch immer da. Es hatte scheinbar kein Interesse daran, umzuziehen. Ich hatte meinen Wohnort gewechselt, war umgezogen, doch die Depression war geblieben, sie wohnte in mir. Sie zog nicht um, fühlte sich bei mir anscheinend wohl, zu Hause. Vielleicht hatte sie sich schon zu sehr an mich gewöhnt, vielleicht ging es ihr gut in mir, tief in meiner Seele, vielleicht würde sie niemals umziehen, für immer dort wohnen. Sie hatte sich schon eingerichtet, ihr schien es zu gefallen.

Und vielleicht soll es ja so sein. Vielleicht soll ich nur ab und an aus dem Graben hinausschauen dürfen, für einen kurzen Moment, manchmal auch für einige Stunden. Vielleicht soll es so sein, dass ich nur selten lächeln kann, ja, vielleicht muss ich akzeptieren, dass Glück nicht für mich bestimmt ist. Vielleicht. Vielleicht aber auch sollte ich mir Hilfe suchen. Ich war bereits in Therapie gewesen, hatte erfahren, dass ich an einer Depression leide, doch hatte die Therapie abgebrochen, da ich keinen Fortschritt bemerkt hatte. Ganz im Gegenteil. Ich hatte das Gefühl bekommen, immer tiefer in dieser zu versinken, und somit irgendwann den Schlussstrich gezogen. Es gab Tage, an denen ich überlegte, wieder eine anzufangen, doch nie genug, um es tatsächlich zu tun. Vielleicht ist es zu spät. Vielleicht habe ich meine Chance verpasst. Vielleicht habe ich sie gegriffen und zu früh losgelassen, um sie als Chance hätte wahrnehmen können.

Und so ging es weiter.

Viele Jahre.

Jahre voller Qualen, tausende Tage verbrachte ich unten im Graben, weinte Tränen, ging träge durch das Leben, versuchte so vieles, erreichte nichts, versuchte zu kämpfen, jeden Tag aufs Neue, doch der Graben zu tief, zu präsent. Aber ich gab nie auf. Nein, ich war immer noch da. Ja, weit war ich nicht gekommen, drehte mich ständig nur im Kreis, mein Leben noch das gleiche, wie vor ein paar Jahren, noch immer die Wohnung, noch immer das Bett, noch immer ich, die die meiste Zeit im Bett verbrachte. Noch immer die, die andere als faul bezeichnen würden, würde sie jemand sehen. Noch immer die Frau, die ihr Leben nicht lebte, es bloß durchstand, irgendwie. Jeden Tag. Doch wie sehr sie versuchte, sich aus dem Graben zu ziehen, während sie lag, das sähe niemand, wenn sie jemand sehen würde, würde man nur die müde Frau, liegend in ihrem Bett sehen. Manchmal stand sie auf, doch das nie für lange. Schaute oben aus dem Graben hinaus, versuchte dort ihren Kampf, doch auch das ohne Erfolg. Sie war in einer Endlosschleife gefangen, kam dort allein nicht mehr raus. Das wusste sie, und trotzdem, sie gab nicht auf. Alles war gleich, jeden Tag, als würde jemand immer wieder auf Replay drücken. Keine Geschichte entstand und doch hatte sie so viel zu sagen.
Doch da draußen gab es eine Person, deren Leben keine Endlosschleife war. Eine Person, deren Leben weiterlief, und das jeden Tag. Doch auch sie war gefangen. Aber anders als ich. Während ich gefangen im Stillstand war, war sie gefangen im Stress. Stress, der sie voranbrachte, hoch hinaus, sehr hoch, doch in ihr schien es stillzustehen. Bis zu dem einen Nachmittag. Beide Frauen begegneten sich. Die eine gestresst und angespannt, die andere müde und in sich gekehrt. In einem Supermarkt sahen sie sich zum ersten Mal. Eine scheinbar gestresste Frau rempelte mich von der Seite an. Ich reagierte nicht, zu müde war ich, um mich darüber aufzuregen. Als sie jedoch mir die Schuld gab, schaffte auch ich es endlich, ein paar leicht wütende Worte über meine Lippen zu bringen, versuchte ihr zu verdeutlichen, dass nicht ich die Schuld trüge. Letztendlich entschuldigte sie sich bei mir, erklärte, dass sie beruflich viel zu tun habe, die Arbeit über sie hinauswachse und sie es an mir ausgelassen habe. Ich nickte bloß.
„Ist alles in Ordnung mit ihnen?"
Ich antwortete nicht, griff nach einer Tafel Schokolade und legte sie in meinen Einkaufswagen.
Sie fragte erneut, ob alles in Ordnung sei.

Und das erste Mal sprach ich. Das erste Mal sprach ich von Angesicht zu
Angesicht mit einer völlig Fremden darüber, wie ich mich wirklich fühlte.
Ich wusste nicht, wieso ich es ihr anvertraute. Einer Person, die ich zuvor
noch nie gesehen hatte. Vielleicht war ich mit mir selbst so sehr am Ende,
dass ich keine Wahl mehr hatte. Oder aber es war die Geborgenheit, die ich
in ihrer Gegenwart spürte. Eine Geborgenheit, obwohl wir uns nicht kannten,
sie mich kurz zuvor noch angemeckert hatte. Vielleicht war es ja auch das.
Die Tatsache, dass eine Frau, die nach außen den Eindruck machte, als wäre
sie erfolgreich, und mit ihrem kleinen Wutausbruch dennoch bewiesen hatte,
dass auch sie etwas bedrückte.
Dies war der Moment, der mein Leben verändern sollte.

Schon am nächsten Morgen fand ich mich in ihrem Büro wieder.
Sie leitete eine Firma, die dafür zuständig war, Songtexte zu verfassen.
In den Fluren hingen Fotos berühmter Personen, mit denen sie schon
zusammengearbeitet hatte. Was genau ich dort suchte, das wusste ich nicht.
Noch nicht. Wir hatten uns am vergangenen Tag noch etliche Minuten
unterhalten, es war eine sehr private Unterhaltung gewesen, am Schluss hatte
sie mir vorgeschlagen, zu einem Vorstellungsgespräch vorbeizukommen.
Und da saß ich. Wartend auf einem der Stühle.
Dann öffnete sich die Türe, sie kam herein und nahm mir gegenüber Platz,
der Schreibtisch zwischen uns.
„Vor zwei Wochen habe ich eine Ghostwriterin verloren.
Mutterschaftsurlaub. Sie ist schon die zweite dieses Jahr. Bewerber gibt es
einige, da dieser Beruf jedoch, jedenfalls in meinen Augen, nicht gelehrt
werden kann, ist es schwer, passende Angestellte zu finden. Was hältst du
davon, auf Probe einen Monat hier zu arbeiten? Falls du Interesse an einem
solchen Berufsbereich hast.“
„Ich habe keine Erfahrungen in diesem Bereich“, sagte ich leicht verwundert.
„Du machst keine einfache Zeit durch. Wir haben uns gestern lange darüber
unterhalten. Ich weiß, wie es ist, ich weiß, wie du fühlst, und ich weiß, dass
das die beste Voraussetzung ist, emotionale und mitreißende Songtexte zu
schreiben. Das ist das, was die Menschen wollen. Reale Gefühle. Etwas
Echtes. Hört man einen Song, man fühlt sofort, ob es bloß
aneinandergereihte Zeilen sind, oder, ob es eine Geschichte ist.“
Als ich nicht reagierte, fügte sie hinzu: „Ich möchte nicht, dass du das Gefühl
bekommst, ich würde eine schlimme Situation ausnutzen wollen.“

„Das ist ein großes Angebot. Es würde mir zudem guttun, rauszukommen, unter Menschen zu sein. Denke ich. Ich weiß es nicht. Ich habe nur Sorge, dass es dadurch schlimmer werden könnte."

„Schlimmer, weil du dich damit noch mehr beschäftigen würdest?"

Ich nickte.

„Dass es nicht so sein wird, kann ich dir nicht versprechen. Was ich dir sagen kann, ist, dass es mir damals sehr geholfen hat."

„Wie sagt man so schön? Wenn das Leben dir Zitronen gibt, mach Limonade draus", sagte ich und schaffte es, ein leichtes Lächeln über meine Lippen zu schicken.

Auch sie lächelte. „Vielleicht hat ja alles seinen Grund."

„Ja. Vielleicht." Ich machte eine kurze Pause, bevor ich sagte: „Ich möchte es versuchen. Und bin ihnen unendlich dankbar."

„Bleiben wir bitte beim 'Du'", sagte sie, stand auf und streckte mir ihre Hand entgegen.

Ich bedankte mich ein weiteres Mal, und dann begann mein erster Arbeitstag in ihrer Firma.

Aus einem Tag wurde schnell ein Monat.

Aus einem Monat ein ganzes Jahr.

Ich war unter Menschen, nahm Teil an der Welt, lebte nicht mehr nur für mich allein, hatte endlich das Gefühl, ein Leben zu haben, nicht mehr bloß zu existieren. Ja, es ging mir besser. Mit jedem Wort, das ich niederschrieb, mit jeder Zeile, in der meine Seele verewigt wurde. All den Kummer, all den Frust, ich schrieb ihn runter, ließ ihn raus. Ich befreite mich. Von Songtext zu Songtext immer mehr.

Ich war nie eine talentierte Schreiberin gewesen, hätte niemals angenommen, dass solch emotionale und herzzerreißende Texte jemals von mir stammen würden. Dass eine Depression auch positive Dinge mit sich bringen konnte, dass man aus einer Depression etwas Positives erschaffen konnte, damit hätte ich nie gerechnet. Sie ruhte in mir. Jeden Tag. Jeden Morgen stand ich mit ihr auf, ich, ihr zu Hause, im Büro angekommen, erlaubte ich ihr einen Ausflug. Ja, sie kam immer wieder zurück, immer wieder zurück nach Hause, doch immer seltener, ihre Präsenz wurde geringer. Schwächer. Und ich wusste, dass sie eines Tages ganz verschwinden würde. Eines Tages würde sie ausziehen, ihren Wohnort wechseln. Ja, wir hatten uns angefreundet, dank ihr verdiente ich Geld, wurde erfolgreich, lernte großartige Menschen kennen. Ich wusste, dass ich meinen Schreibtischplatz aufgeben müsste, würde sie eines Tages nicht mehr da sein. Doch genauso gut wusste ich, dass danach etwas anderes auf mich warten würde. Etwas Schönes. Ein freies Leben. Freiheit meiner Gedanken. Eine Befreiung, die kein Erfolg dieser Welt mit sich bringen könnte.

Doch nicht alle Depressionen führen dazu, dass aus dieser etwas Großes wird, dass man aus dieser etwas Großes erschaffen kann. Wie also merkt man, ob es Zeit ist, Hilfe zu suchen? Woher weiß man, ob man es eines Tages allein schaffen wird? Woher weiß man, wie lange man noch warten soll? Woher weiß man, dass man es allein niemals schaffen wird und es Zeit ist, professionelle Hilfe in Anspruch zu nehmen?
Ganz ehrlich? Man weiß es nicht.
Es gibt keinen perfekten Weg, der auf jeden zugeschnitten ist. Keinen Masterplan, der jede Depression verschwinden lässt. Keinen Weg, den man gehen kann, mit der Sicherheit, am Ende warte die Genesung. Es gibt nur eines, das jedem helfen kann:
Nicht aufgeben!
Das ist der einzige Weg, der jedem eine Chance bietet.
Dem einen hilft eine Therapie, dem anderen nicht. Doch, gibt man nicht auf, ist eines sicher: Man wird den für sich richtigen Weg finden. Vielleicht nicht heute. Nicht morgen, vielleicht auch nicht dieses Jahr, aber irgendwo da draußen wartet ein Schild an einer kleinen Straße, das für Dich bestimmt ist, auf dem Dein Name steht.
Nicht aufgeben jedoch, ist für viele leichter gesagt als getan. Und so traurig es auch ist, hat man einen Menschen an einer Depression verloren, vergiss nie: Es kann nicht alles gut sein.

Ja, das klingt hart, das ist nicht das, was man hören möchte, ABER es ist die Wahrheit, denn die Welt würde nicht funktionieren, gäbe es nur das Lächeln, gäbe es keine Tränen, es würde die Welt nicht geben.

Für viele steht fest: Ja, ich möchte eine Therapie starten. Ja, ich möchte mit jemandem darüber sprechen, aber mir fehlt der Mut.
Vielleicht hat man Angst, man werde nicht ernstgenommen. Der erste Schritt ist meist der schwerste. So ging es mir auch. Bevor ich die Diagnose bekam, fehlte mir der Mut, auf eine Therapeutin zuzugehen.
An guten Tagen war ich davon überzeugt, mich allein aus dieser Krise rausziehen zu können. An schlechten Tagen waren große Zweifel da und ich sehnte mich nach einer Psychologin, die mir wenigstens sagen könnte, was mit mir nicht stimmte, doch ich war zu träge, zu unmotiviert, um mich an jemanden zu wenden. Aber letztendlich tat ich folgendes:
In einem Moment, in dem es mir gut ging, ich davon überzeugt war, irgendwann ganz allein einen Weg zu finden, öffnete ich mein Handy und formulierte eine Nachricht. In dieser beschrieb ich meine aktuelle Situation, wie schlecht es mir gehe, und dass ich es allein nicht schaffe, dass ich es nicht schaffe, mir einen Therapieplatz zu suchen, dass ich nicht weiß, wieso, dass ich nur eines weiß: Ich brauche Hilfe.
Diese Nachricht schickte ich an niemanden, ich speicherte sie als Entwurf ab. Es war ein wenig merkwürdig, da es mir in diesem Moment, wie gesagt, recht gut ging.
Als es mit meinem Zustand wieder bergab ging, ich immer träger wurde, in meinem Bett lag, abgeschottet von dieser Welt, mir Hilfe wünschte, doch nicht in der Lage war, welche zu suchen, schickte ich die SMS ab. Ich schickte diese SMS damals an meine Mutter. Wir standen uns nie nahe, wir hatten keinen wirklichen Kontakt mehr gehabt. Doch, ganz gleich, wie sehr wir Menschen von uns wegstoßen, sie werden uns helfen! Wenn sie wissen, was los ist.
Denn oft tragen Betroffene ihre Krankheit nicht nach außen, verstecken sie vor all den Menschen, was diese verschrecken kann, doch wenn sie wissen, was wirklich los ist, wird all das der Vergangenheit angehören. Meistens.

Falls Du niemanden hast, dem Du diese Nachricht schicken kannst, hast Du vielleicht noch eine Nummer einer Person, mit der Du seit langer Zeit nicht mehr in Kontakt stehst, eine Person, die Du vor Jahren kanntest, vor Ewigkeiten das letzte Mal gesehen hast. Habe keine Angst, sie um Hilfe zu bitten.

Oft bekommen Angehörige aber auch mit, dass jemand Hilfe benötigt, wissen jedoch nicht recht, wie sie die betroffene Person darauf ansprechen sollen, aus Angst davor, die ganze Situation zu verschlimmern. Scheue Dich nicht, dieser Person zu sagen, dass sie Hilfe braucht, nahestehende Menschen sind dafür da, ehrlich zueinander zu sein. Wenn nicht sie, wer dann. Und auch wenn betroffene Personen oftmals versuchen, den Schein aufrechtzuhalten, wissen sie ganz genau, dass sie Hilfe und Unterstützung brauchen.

o   **Verlorene**
Stimme

Das Handy aus. Mal wieder. Ich werde es bald wieder einschalten. Vielleicht. Für ein paar Minuten. Vielleicht auch für einige Stunden. Mal schauen. Der Körper müde. Der Raum dunkel. Ich höre nichts, und dennoch höre ich so viel. Die Dunkelheit, die dafür sorgen soll, das ganze Chaos nicht zu sehen. Doch in Wahrheit macht diese das ganze Durcheinander erst sichtbar. Vielleicht hat mir jemand geschrieben. Wahrscheinlich nicht. Was, wenn doch? Ich würde es lesen wollen. Vielleicht. Nein, es interessiert mich nicht. Mir ist langweilig.

Stunden später.
Schlaf konnte ich keinen finden. Müde war ich, und bin es noch immer, doch das ganze Liegen sorgt dafür, dass man irgendwann kein Auge mehr zubekommt. Und das, obwohl der Körper immer müder wird.
Ich habe Hunger.
Die einzige Uhr in meinem Schlafzimmer, die auf meinem Handydisplay. Müde und kraftlos drehe ich meinen Körper auf die Seite, fahre mit meiner rechten Hand die Matratze ab. Hörbar atmend, das Handy endlich in der Hand, schalte ich es ein. Es kostet viel Kraft. Wie alles andere auch. Davon, dass ich sportlich bin, spüre ich in diesem Moment nichts. Ganz im Gegenteil. Als ich wieder auf dem Rücken liege, nehme ich einen tiefen Luftzug, als hätte ich etwas wahnsinnig Anstrengendes hinter mir. Ich brauche eine Pause. Eine Pause vom Nichtstun, um mich im Anschluss von der Pause erholen zu können, erholen zu müssen.
Ich schaffe es nicht, mich auszuruhen. Ruhe reicht nicht. Jede Ruhe dieser Welt wäre noch zu stürmisch. Ich brauche Ruhe. Schlaf. Doch mein hungriger Magen sieht das anders. Ich muss etwas essen. Mein Kühlschrank leer. Ein Blick auf das viel zu grelle Display meines Handys verrät mir, dass es kurz vor fünfzehn Uhr ist. Mitten am Tag. Um mir Essen zu bestellen, dafür habe ich kein Geld. Nicht mehr. Dinge ändern sich. Dinge können sich ändern. Und manche, manche müssen es wohl. Sie müssen sich ändern. So lange, bis sie dich verändern. So lange, bis du daran kaputtgehst.

Ich war immer der Meinung, jeder sei seines Glückes Schmied. Bis zu dem Tag, an dem ich mir selbst eingestehen musste, dass ich nicht dagegen ankomme, ganz gleich, wie sehr ich kämpfe. Ich würde es gerne glauben, ich würde gerne glauben, es würde sich lohnen, zu kämpfen, dass es etwas ändern könnte. Doch anscheinend hilft es nicht. Anscheinend bringt es nichts. Anscheinend muss man akzeptieren, sich hingeben, sich führen lassen, am Strang der Hölle hängen, sich ziehen lassen. Mitgerissen werden, sich mitreißen lassen. Ich habe dagegen gesteuert. Jahrelang. Sah immer einen Lichtblick. Immer gewusst, ich würde es irgendwann schaffen. Doch dieses Wissen verwandelte sich mehr und mehr in dünner werdende Hoffnung. Und das nur, damit ich später feststellen musste, dass auch die Hoffnung schwindet, sich verwandelt, zurückverwandelt in das Wissen. Doch nicht in das Wissen, es werde alles wieder gut, sondern in das Wissen, es werde niemals wieder gut.

Nein, es wird immer so grausam bleiben. Immer wird es mir so gehen. Immer wird es mir schlecht gehen. Immer werde ich auf der Suche sein nach dem Grund, morgens aufzustehen. Aber diesen Grund, den werde ich niemals finden. Das habe ich eingesehen.

Drei weitere Stunden vergangen. Stunden voller Leere, dennoch voller Gedanken. Ein Widerspruch. Scheinbar. Und doch ist es keiner, denn es existiert beides gleichzeitig. In mir. In meinem Kopf. Meine Gedanken leer, und doch bin ich den ganzen Tag am Nachdenken.

Der einzige Grund, wieso ich an diesem Abend aufstehe, der Hunger. Der Hunger das einzige, was mich überhaupt noch nach draußen treibt. Widerwillig, doch verhungern möchte ich nicht.

Mir fehlt die Kraft, duschen zu gehen, also sprühe ich mich mit Parfüm ein. Der Duft, der mir einst sehr gut gefiel, kratzt in meiner Nase, eine leichte Übelkeit überkommt mich.

Auch auf das Anziehen frischer Kleidung und das Putzen meiner Zähne verzichte ich. Ich schlüpfe in meine Schuhe, die von ihrer weißen Farbe kaum noch etwas übriggelassen haben. Der erste Schuh, kein Problem. Der zweite jedoch macht Schwierigkeiten, ich kann nicht reinschlüpfen, zu eng die Schnürsenkel. Ich weiß, ich müsste mich bücken, um ihn anzuziehen. Das wird anstrengend, das kostet zu viel Kraft. Doch der Hunger lässt mich in die Knie gehen. Wenn auch nur langsam. Kraftraubend.

Beim Bäcker angekommen, bestelle ich drei normale Brötchen. In einem Supermarkt wären sie preiswerter, doch möchte ich so wenig Menschen wie möglich begegnen.

Hoffentlich reicht es, um satt zu werden. Doch mehr Geld habe ich nicht. Jedenfalls nicht für heute. Das Geld muss schließlich auch noch für die nächsten Tage reichen. Viel Erspartes habe ich nicht mehr. Ein Einkommen auch nicht. Nicht mehr. Ich könnte Arbeitslosengeld beantragen, doch dafür müsste ich Papiere ausdrucken, ausfüllen und diese verschicken. Das ist zu viel Arbeit. Das würde ich niemals schaffen. Dann doch lieber hungern.

„Bitte was?", höre ich die Dame hinter der Ablage fragen.

„Drei normale Brötchen."

„Bitte? Ich habe sie nicht verstanden."

Erst beim dritten Mal versteht sie meine Bestellung. Dass mich Leute nicht verstehen, auch akustisch, ist mir die vergangene Zeit immer öfter aufgefallen. So war das nicht schon immer. Ich nuschle ein wenig, doch kann ich mich nicht daran erinnern, auch früher genuschelt zu haben. Ganz im Gegenteil, ich hatte eine klare Aussprache. Vielleicht, weil ich immer weniger Zeit damit verbringe, mich zu unterhalten. Ich rede kaum noch. Und das schon seit längerer Zeit. Vielleicht kann es sich tatsächlich verschlechtern. Verlernen würde man es so schnell nicht, und anfangs fällt es einem selbst meist nicht auf, aber anscheinend können wir sie auf eine, wie ich finde, erschreckende Art und Weise zurückbilden.

Auf dem Rückweg verschlinge ich ein Brötchen. Danach bin ich auch schon satt, von dem Hunger nichts mehr zu spüren. Sehr gut, so habe ich noch etwas für später. Ich bin erleichtert.

Zu Hause angekommen, habe ich endlich wieder etwas Kraft. Kraft und Energie. Lebensfreude wäre zu hochgegriffen, doch immerhin fühle ich mich nicht mehr ganz so träge.

Doch kaum sehe ich mein Bett, sehne ich mich danach, mich hinzulegen. Aber ich lasse es nicht zu. Nein, ich bleibe stehen. Ich bin stark. Ich nehme mein Handy, gehe zu meinem Schreibtisch, setze mich auf den Stuhl, um der Versuchung des Bettes zu widerstehen. Kaum sitze ich, breitet sich wahnsinnige Langeweile in mir aus. Es gibt so viel zu machen und doch scheint es nichts für mich zu geben. Nichts bereitet mir Freude. Jeder Spaß scheint nicht für mich gemacht zu sein. Begeisterung, nur noch eine weit entfernte Erinnerung. Wie ein weitentfernter Verwandter, den man vor vielen Jahren einmal sah, seitdem nie wieder. Er ist wichtig, schließlich gehört er zur Familie, also kann man sich noch ganz genau an ihn erinnern. An sein Aussehen, sein Lachen, sogar an seine Falten im Gesicht, und doch ist er fremd. Ein fremder Bekannter.

Mein Handy soll mir Begeisterung schenken. Das hoffe ich. Auch wenn ich weiß, dass es das nicht werde, doch mir fällt nichts Besseres ein.

Ich muss feststellen, dass es nicht mehr an geht. Auch nicht, nachdem ich es weitere Sekunden versucht habe. Also trenne ich die hintere Kappe vom Rest des Handys, entferne den Akku für ein paar Sekunden.

Es funktioniert wieder. Ich bin mir nicht sicher, ob das etwas ist, worüber ich mich freuen soll. Vielleicht wäre es mir gleichgültig gewesen, wäre es nicht mehr angegangen. Vielleicht auch nicht. Schließlich muss es einen Grund gegeben haben, wieso ich es repariert habe. Ich hätte es einfach sein lassen können. Auslassen können. Aber das habe ich nicht.

Ein wenig Motivation spüre ich. Es ist nicht die Art der Motivation, die mir zu hohen Sprüngen verhilft. Auch nicht die Art Motivation, die mich zum Lächeln bringt. Nein, bloß ein kleiner Motivationsschub, der dafür sorgt, dass ich die Augen auflasse, mich nicht sofort schlafen lege. Am Leben teilnehme. Wenn auch nur an meinem eigenen.

Mein Handy vollständig hochgefahren, tippe ich auf das Symbol, das eine Dating-App öffnen lässt. Vor einiger Zeit habe ich diese installiert, seitdem kaum genutzt, mich mit noch niemandem von dort getroffen. Doch ab und an schaue ich nach, mit der Hoffnung, eine Person zu erblicken, die mich glücklich machen würde. Doch auch heute ohne Erfolg. Auch heute ist niemand dabei, mit dem ich schreiben möchte. Niemand, den ich kennenlernen möchte. Damit rechnete ich, und dennoch bin ich enttäuscht.

All die Menschen, sie sind langweilig. Oder sind meine Ansprüche zu hoch?
Was sind überhaupt meine Ansprüche? Möchte ich überhaupt jemanden
kennenlernen? Ja, und nein. Auf jeden Fall. Niemals. Ich weiß es nicht.
Generell habe ich nur noch zu zwei Leuten Kontakt. Zu zwei meiner Freunde.
Alle anderen, sie waren mit der Zeit gegangen, sie hatte ich mit der Zeit
weggeschickt.

Der kurze Spaziergang im Freien scheint mir gutgetan zu haben, ich fühle
mich wacher. Erholter. Ein bisschen Power habe ich übrig, sodass ich auf die
Nachricht meiner besten Freundin reagiere. Lust darauf, mit ihr zu schreiben,
habe ich nicht, aber das bin ich ihr schuldig. Nach all der komplizierten Zeit.
Es ist nicht einfach mit mir, das weiß ich. Und sie bleibt dennoch bei mir, ist
immer für mich da. Und ich, ich tue gar nichts für sie. Nicht mehr. Das
jedenfalls scheint so. Denn in Wahrheit ist allein diese Nachricht, die ich ihr
gerade schicke, wie ein Berg, den ich erklimme.

Sie ruft mich an. Ich nehme ab, hoffe gleichzeitig, das Gespräch schnell
hinter mich bringen zu können. Ich sage nicht viel, lasse sie reden, höre
kaum zu. Immer wieder fragt sie, was los sei, ob sie vorbeikommen dürfe.
Daraufhin sage ich, dass ich viel zu tun hätte, dass es mir ein andermal lieber
wäre. Sie weiß, dass ich lüge. Und ich weiß, dass sie es weiß.

Anfangs war mir das unangenehm gewesen, doch mit der Zeit wurde mir das
immer gleichgültiger. Und mittlerweile habe ich kein schlechtes Gewissen
mehr, sie anzulügen. Und dennoch tut es mir wahnsinnig leid. Jedes Mal. Ein
Widerspruch, so würden viele meinen. Doch es gibt ein paar Menschen da
draußen, die wissen, dass der Egoismus, den eine Depression mit sich
bringen kann, ein anderer ist. Doch für den Großteil der Menschheit scheint
es der gleiche zu sein. Sie verstehen nicht, dass man keine Wahl hat. Sie
verstehen nicht, dass es einem egal sein und dennoch leidtun kann. Denn
diese Gleichgültigkeit ist keine, die wir uns aussuchen. Nein, es ist eine, die
sich in uns eingenistet hat und dort brütet. Eine unerwünschte, die wir
loswerden möchten, wie ein Tumor, doch oft dauert das. Und bei manchen
gelingt es nie. Wir sind nicht egoistisch. Obwohl wir es sind.

„Ich muss jetzt auflegen", verabschiede ich mich.

Nach dem kurzen Telefonat fühle ich mich erschöpft. Zu viele Worte, die ich
gesprochen habe, zu viele Worte, die ich gehört habe. Dennoch bleibe ich
sitzen, lege mich nicht wieder hin, überlege, etwas Sport zu machen,
verwerfe den Gedanken doch recht schnell wieder. Vielleicht morgen.

Langeweile breitet sich immer weiter in mir aus. Ich schaue mich um.
Aufräumen, das müsste ich dringend, weiß aber, ich würde es nicht tun.
Vielleicht übermorgen. Ja, auf jeden Fall übermorgen. Die Langeweile wird
unerträglich. So unerträglich, dass ich letztendlich doch den Weg in mein
Bett suche, mich unter die warme Bettdecke kuschle, mein Kopf tief
vergraben im Kopfkissen, meine Hände dicht an meinem Gesicht.
Dort bleibe ich liegen. Wie lange, das weiß ich nicht.

Irgendwann stehe ich auf, gezwungenermaßen, um meine Blase zu leeren.
Dann lege ich mich wieder hin.

Die nächsten Tage verlaufen unspektakulär. Genau wie mein Leben. Viel
Schlaf, zwischendurch esse ich ein wenig, die einzige Beschäftigung, alle
paar Stunden ein Blick auf mein Handy. Die Anrufe meiner besten Freundin
nehme ich nicht mehr entgegen. Auf ihre Nachrichten reagiere ich. Doch,
auch das immer seltener. Meine Antworten immer kürzer. Ganz selten,
zwischendurch, ein Motivationsschub. Doch auch diese werden immer
seltener und kürzer. Mit den Wochen, mit den Monaten, es geht mir immer
schlechter.

Geweckt werde ich durch das Vibrieren meines Handys. Nein, ich schlief nicht. Und dennoch fühlt es sich an, als würde ich geweckt. Geweckt aus einer Starre, in der sich mein Körper und mein Geist zu befinden schien. Die Gedanken noch immer da, doch weitaus leiser. Als wären auch sie erschöpft. Das ist eigentlich etwas Gutes, doch nicht, wenn man sich an diese schon so sehr gewöhnt hat, dass man ohne sie kaum noch existieren kann. Laute Gedanken, sie würden mich irgendwann umbringen, doch würden sie leiser, dann würde auch ich das werden. So oder so, es würde keinen Ausweg geben. Jedenfalls keinen, den ich finden kann. Ich habe keine Kraft mehr, einen Weg zu suchen.

Mein Handy vibriert erneut. Normalerweise ist es auf stumm gestellt, ich muss wohl aus Versehen draufgelegen und die Einstellung unabsichtlich geändert haben. Jetzt bereue ich, dass ich mein Handy an die Steckdose angeschlossen hatte. Sonst wäre der Akku sicher schon lange leer. Das Vibrieren, so weit weg und dennoch direkt an meinem Ohr. Es nervt. Ich will es ausschalten. Und doch gefällt es mir, mich darüber zu ärgern.

Bis Ersteres überwiegt, ich langsam nach dem Handy greife und die Sim-Karte entferne. Ich will nichts hören. Nichts sehen. Nichts sagen müssen. Einfach nur schlafen. Niemand soll mich anrufen. Niemand!

Etwas später. Wieder ist es der Hunger, der mich aus dem Bett aufstehen lässt.

Mein Handy versuche ich einzuschalten. Noch habe ich zwar keine Motivation, doch nach dem Gang zum Bäcker werde ich diese wiederfinden. Wenn auch nur für kurze Zeit.

Doch das Handy geht nicht an. Der Wackelkontakt, einige Zeit zuvor, war wohl nur der Anfang gewesen. Aber es ist mir egal. Noch. Nachher, wenn ich wiederkomme, werde ich mich darum kümmern, dann werde ich Kraft dafür haben, nicht jetzt.

Der Hunger treibt mich nach draußen. Begleitet mich den ganzen Weg über. In einer Welt ohne Ziel, die Menschen strömen vorbei, als müssten sie schnell irgendwo sein, als wäre das wichtig, als würde das etwas ändern. Und wozu? Um morgen das ganze nochmal zu durchleben. Jeden Tag das gleiche. Keine Abwechslung. Langeweile.

Nicht mehr dabei, schon lange nicht mehr, und trotzdem noch hier. Inmitten der Menschenmenge. Aber ich fühle sie nicht. Nehme sie wahr, doch sind sie weit weg. Scheinbar. Auch ihre Stimmen, die einen guten Tag wünschen, dicht an meinem Ohr, sie sind so weit weg. Ich gehe meinen Weg. Ohne Umwege. Immer weiter. Ich will das so. Will niemandem begegnen. Ich will nicht angesprochen werden, ich will nach Hause in mein Bett, nach Hause in die Einsamkeit. Nach Hause.
In der Bäckerei zeige ich auf die normalen Brötchen, anschließend hebe ich meine Hand, zwei Finger strecke ich aus.
„Zwei normale Brötchen?", fragt die Verkäuferin.
Ich nicke.

Wieder zu Hause.
Ich warte auf den Motivationsschub, der dafür sorgen soll, auch meine inneren Augen ein wenig zu öffnen.
Doch an diesem Tag lässt er anscheinend auf sich warten. An diesem Tag scheint er sich zu verstecken, blitzt nirgendwo durch.
Diese kleinen positiven Schübe sind der einzige Grund, weshalb ich noch atme, der einzige Grund, wieso ich mir mein Leben noch nicht genommen habe. Doch diese Schübe sind weniger geworden. Ich wusste, es sei nur eine Frage der Zeit, bis diese gar nicht mehr auftauchen würden.
Das Handy lasse ich aus, versuche gar nicht erst, es anzubekommen, es ist mir egal, mehr noch, ich will, dass es ausbleibt. Ich will es nicht mehr einschalten, nie wieder. Zu niemandem Kontakt. Nie wieder. Wofür noch einmal zum Bäcker gehen? Wofür etwas essen, wenn es mir doch sowieso keine Kraft schenkt? Den knurrenden Magen gestillt, und wozu? Um weiter im Grauen zu verharren, um weiter im Grauen verharren zu können. Aber das will ich nicht. Ich will nicht weiter in diesem grauen Loch leben. Nichts mehr essen, dem Grauen entfliehen, liegen und schlafen.

Und so fängt er wieder an, ihr Magen zu knurren, doch dieses Mal steht sie nicht auf, nein, sie bleibt liegen, weiß, das ist der einzige Weg raus, raus aus der dunklen Welt.

Sie blieb liegen, ihr Körper ganz dünn. Nie wieder, nicht ein einziges Mal, stand sie auf. Blieb liegen, denn sie wusste, ganz gleich was da kommt, so schlimm wie das Leben könnte es nicht sein.

Das letzte Mal, als sie in der Bäckerei gestanden hatte, ihre Stimme verloren, hatte sie ganz genau gewusst, es sei bloß eine Frage der Zeit, bis nach der Stimme auch das Leben schwindet,
doch war es die Hoffnung, die hielt sie am Leben, die ließ sie atmen und kämpfen.
Hoffnung ist stark, Hoffnung kann viel,
sie kann dir Kraft schenken, wo eigentlich keine mehr ist,
lässt dich weitergehen, obwohl du am Ende bist,
doch eines, das kann Hoffnung nicht, sie kann nicht mehr leben, wenn die Seele schon lange verstorben ist.

Bitte melde dich.

Wie geht es dir?

Wieso meldest du dich nicht mehr?

Sind wir dir nicht mehr wichtig?

Wenn man sich ewig nicht meldet, als wäre man tot, vermittelt man nahstehenden Menschen den Eindruck, man würde nichts mehr von ihnen wissen wollen. Manchmal ist es tatsächlich so. Manchmal bricht man den Kontakt zu einer Person ab, die einem lange wichtig war, weil man das möchte. Dafür kann es verschiedene Gründe geben.
Doch was ist, wenn man den Kontakt abbricht, abbrechen muss, ganz ungewollt?

Ich weiß ganz genau, wie es rüberkommt. Ich weiß, was ihr denkt. Ich weiß, dass ich mich nicht mehr melde, mich seit Monaten nicht mehr melde. Und das wird auch erst einmal so bleiben. Das weiß ich. Das will ich. Und irgendwie auch nicht. Es gibt niemanden auf der Welt, der mir so viel bedeutet wie ihr. Ihr seid meine Familie, meine Eltern, meine Geschwister. Das wichtigste. Und dennoch lasse ich euch in dem Glauben, ihr wäret mir egal. Ich reagiere nicht mehr auf Anrufe, antworte auf keine SMS, öffne nicht die Türe, wenn es klingelt. Ich ziehe um, damit mich niemand findet, damit ich zu niemandem Kontakt haben muss. Glaubt mir, ich weiß, wie das scheint, ich weiß, dass ihr denkt, ihr wäret mir nicht wichtig. Doch genauso gut weiß ich, dass ich im Moment nichts daran ändern kann. Es fehlt so vieles. Es fehlt die Kraft. Die Motivation. Und ja, es fehlt auch die Lust, die Lust, euch sehen zu wollen. Doch nicht, weil ich euch nicht sehen möchte, sondern, weil da etwas in mir ist, das gar nichts mehr von der Welt sehen möchte. Und dieses Etwas in mir ist mittlerweile so groß, dass es mich komplett bedeckt. Es versteckt mich, erlaubt mir keinen Blick nach draußen. Doch ich bin noch da, sonst würde ich diesen Text nicht schreiben. Noch lässt mich meine Depression am Leben, sie herrscht über mich, bestimmt meine Wege, bedeckt mich, doch besiegt hat sie mich noch nicht. Ihr ist alles egal, aber ich liege darunter, sie sorgt dafür, dass ich euch nicht mehr vermisse, dass ich euch nicht mehr sehen will, doch sie sorgt nicht dafür, dass ich nicht mehr weiß, wer ich mal war. Was ihr mal für mich wart. Sie kann die Gegenwart zerstören und ja, auch die Zukunft, doch die Erinnerungen, nein, die kann sie mir nicht nehmen. Ich erinnere mich. Ich erinnere mich daran, wie sehr ich euch einst geliebt habe, wie sehr ihr mir damals gefehlt habt. Ich erinnere mich an mich selbst, an die Liebe in mir, die ich damals für euch spürte. Ich fühle sie nicht mehr, denn diesen Platz nimmt schon lange die Depression ein, und auch wenn sie dafür sorgt, dass ich mein wahres Ich nicht mehr finden kann, wird sie niemals dafür sorgen können, dass auch meine Vergangenheit verblasst. Ich erinnere mich noch ganz genau daran, wie ich damals vor eurer Türe stand, du auf mich zugelaufen bist, in meine Arme. Du hast geweint, weil du dich so sehr gefreut hast, mich zu sehen. Noch oft denke ich an diesen Moment zurück. Und ja, ich vermisse dich, das weiß ich, aber ich kann es nicht mehr fühlen. Woher ich weiß, dass ich dich noch immer vermisse? Weil es so sein muss, so war es schließlich damals gewesen. Tief in mir, mein wahres Ich, ich kann es nicht mehr greifen, aber es ist da, so muss es sein. So soll es sein. Und ja, ich weine oft, wenn ich an euch denke. Nicht, weil ich euch vermisse, wie gesagt, das kann ich derzeit nicht, nein, ich weine, weil ich mich zurückerinnere und noch ganz genau weiß, wie ich mich damals gefühlt habe. Daran, wie sehr ich mich gefreut habe, wenn wir zusammenspielten, wenn wir lachten, uns kaum noch einkriegten vor Lachen. Erinnert ihr euch? Ich habe euch oft zum Lachen gebracht, und ihr mich. In meinen Erinnerungen kann ich euch vermissen, dort kann ich euch lieben, aber nicht mehr in der Gegenwart. Es ist schwer zu erklären, noch viel schwerer zu begreifen, wahrscheinlich zu schwer, um es zu verstehen, ich versuche mich so deutlich wie möglich auszudrücken, doch für jemanden, dem es nicht so geht, ist es schwer, dies nachzuvollziehen. Verständlicherweise.

Diese Person, die immer bei euch war, die sich um euch gekümmert hat, auf euch aufgepasst hat, diese Person, die nicht den Babysitter gespielt hat, weil sie musste, sondern, weil sie es wollte, diese Person ist immer noch da, aber sie ist nicht mehr zu erreichen. Nicht im Moment. Ob sie das irgendwann wieder sein wird, das weiß ich nicht. Aber was ich weiß, sie tut alles dafür, und das jeden Tag, auch wenn es nicht so scheint, sie tut alles Erdenkliche, damit sie eines Tages wieder bei euch sein möchte. Ob ihr das dann auch noch wollt, das weiß ich nicht. Und sie weiß auch nicht, ob ihr das noch möchtet, aber sie stellt sich diese Frage sehr oft, sie glaubt die Antwort zu kennen, und diese Antwort, diese Vermutung, macht ihr Angst. Sonst würde sie diese Zeilen nicht schreiben.

Es gibt nicht viel, das weiß sie. Das ist in Ordnung. Es stört sie nicht, dass ihre Eltern wenig Geld verdienen. Sie ist auch so ein zufriedenes Kind, denn sie weiß schon in jungen Jahren, worauf es im Leben wirklich ankommt. Sie weiß, dass es nicht das knittrige Papier ist, was glücklich macht. Sie weiß, dass es das Menschliche ist, was ein Herz zum Lächeln bringt. Es macht ihr nichts aus, dass all die Kinder in der Schule teure Kleidung tragen, dass sie teure Geschenke bekommen, einfach so. Denn sie schätzt die Zeit, die sie mit ihren Eltern verbringen darf, weil Goldwert ist nur eines: Die Zeit, die du mit deinen Liebsten verbringst.

Die Eltern sind stolz, doch tragen auch Furcht. Furcht davor, es könnte der Tag kommen, an dem ihre Tochter das anders sehen könnte. Jeder Mensch hat Wünsche, Kinder sowieso, noch reicht es ihr, doch ist das morgen auch noch so?

Der Vater schuftet, Tag ein und Tag aus, die Mutter bei ihren fünf Kindern zu Haus.

Das Geld immer knapp, die Existenzangst zu groß, kein Kind, welches bettelt, doch wenn es so kommt, was machen die Eltern dann bloß? Die Angst, die sie begleitet, jeden Tag, die bald schon an der Seele nagt.

Die Kinder werden älter, das Geld immer weniger. Ja, noch immer sind sie brav, betteln nicht und quengeln nicht, doch Kinder werden teurer, von Jahr zu Jahr. Auch so, auch ohne Gequengel, das wussten die Eltern, so war das alles nicht geplant. Zwei Kinder, vielleicht ein Hund, doch wie das Leben so spielt, wenn man auf dem Ultraschallbild plötzlich vier Köpfchen sieht.

Er schuftet sich kaputt, und ist trotzdem für sie da, für seine Familie, das beweist er jeden Tag. Dennoch reicht es nicht, noch mehr arbeiten, das kann er nicht, die Kinder bekommen ihn ja so schon kaum noch zu Gesicht.

Die Zeit, die das Mädchen früher immer schätzte, ist fort, denn ihr Vater ist kaum noch vor Ort. Auf der Jagd nach Geld, alles für die Kleinen. Er opfert alles, auch seine Zeit. Doch nicht nur seine, auch die gemeinsame, er ist kaum noch daheim. Erst kam der zweite Job, dann ein dritter hinzu. Die Mutter allein mit fünf Kindern daheim.

Das Mädchen weiß, so muss es wohl sein, doch bei anderen ist es nicht so, bei anderen daheim. Trotzdem tut sie alles, sie hilft immer mit, ist Schwester und Mutter, und selbst noch ein Kind. Die Schule, die leidet, die Freunde schon lange, sie wird früh erwachsen, hat gar keine Wahl. Doch sie tut all das sehr gerne, denn sie erinnert sich jeden Tag, wie viel Liebe ihr Vater ihr einst immer gab. Doch von dieser kaum was über, ja, er strengt sich an, doch die viele Arbeit und die Ängste wie ein Messer, schneidet es langsam die Seele entlang.

Mit seinen Kräften am Ende, er ist der Vater, er muss starksein, das weiß er, doch an den meisten Tagen, da geht das nicht mehr.

Eines Tages, das Mädchen kommt von der Schule heim, liegt ein Zettel der Mutter auf dem Tisch, darauf steht, sie werde heute erst spät sein daheim.

Nicht das erste Mal, nein, so läuft es oft, die letzten Wochen hat nur das Mädchen für ihre Geschwister gekocht.

Sie ist erst fünfzehn, doch das merkt man nicht, sie wirkt älter, viel älter, doch, auch wenn es nicht immer einfach ist, weiß sie genau, dass dieser Weg der richtige ist.

Nicht einmal hat sie daran gedacht, einfach zu gehen, die Sachen zu packen, abzuhauen, nicht einmal kam ihr dieser Gedanke, ganz gleich, ob als Schwester, als Tochter oder erwachsene Frau.

Von den Mitschülern wird sie ausgelacht, immer wieder wird ihr deutlich gemacht, dass sie so kein eigenes Leben hat. Ja, sie hatte sich verändert, wie von heute auf morgen, musste erwachsen werden, sich um andere sorgen.

Doch eines, das hat sie behalten, die Wertschätzung der Liebe, die jeden Tag dafür sorgt, dass sie aufsteht, jeden Tag an dem schönsten Ort. Bei ihrer Familie, zugegeben, sie sind nicht immer da, doch sie ist es, denn sie weiß, nur sie ist der Halt. Sie ist der Grund, wieso es ihre Familie noch gibt, wieso sie nicht schon lange geschieden sind.

Ihren Eltern, es tut ihnen leid, sie entschuldigen sich immer wieder, dass sie so selten sind daheim. Doch sie ist nicht wütend, das war sie noch nie.

Die Eltern sind dankbar, doch sie wissen genau, ihre Tochter kriegt nicht, was sie eigentlich braucht.

Aus Dankbarkeit wird Ignoranz, aus dieser schließlich Hass und Wut. Sie weiß, ihre Eltern meinen es nur gut, doch das können sie nicht mehr zeigen, kaputt und zerstört, den Kampf verloren, doch die netten Worte sind das einzige, was das Mädchen hört.

Was einst ein zu Hause war, ist bloß noch ein Haufen Trümmer. Doch diese Trümmer tragen so viel Liebe, völlig zerstört, das Mädchen klebt sie zusammen, jeden Tag aufs Neue, all die Scherben, sie hebt sie auf, versucht sie zu ordnen, das gelingt ihr nicht immer, doch ab und an, hier und da, eine richtige Kante, die sich an eine passende nagt. Aber der Trümmerhaufen wird immer größer, das Chaos von Tag zu Tag pompöser.

Mal wieder ein kurzer Schultag hinter sich, kommt das Mädchen nach Haus. Der Lärm schallt bis zur Straße hinaus. Normalerweise verstummen sie, wenn eines der Kinder betritt das Haus. Als würden sie glauben, so kriegen die Kinder es niemals heraus. Doch nicht dieses Mal, dieses Mal hören sie nicht auf. Das Mädchen steht daneben, der Vater ganz laut, während die Mutter dasteht und traurig schaut.
„Wir schaffen das", sagt das Mädchen ganz stark.
Ihr Vater nimmt sie in den Arm. Er will stark sein, auch wenn er das schon lange nicht mehr kann. „Es ist nicht deine Aufgabe", sagt er und streichelt ihr Haar.
Es ist das erste Mal seit langem, dass er sein Kind in den Arm nimmt, das erste Mal seit Ewigkeiten, dass er dem Mädchen Liebe schenkt. Er ist nicht mehr der Alte, wird das auch nie wieder sein, doch mit letzter Kraft will er noch einmal ein guter Vater sein.
Dieser Mensch, er hat ihr so sehr gefehlt.

Alles soll so, wie damals sein, das will sie so sehr, steigt in sein Auto ein. Bei der Frage, ob sie schon achtzehn sei, nickt sie, er glaubt ihr, oder auch nicht, so oder so, er nimmt sie zu sich mit. Mit in seine Wohnung, die sie zum ersten, aber nicht zum letzten Mal betritt.
Immer wieder holt er sie ab, ja, ab und an ist es grausam, sie erfährt erst später, wie sehr sie litt. Das Geld, es hilft, die Eltern fragen nicht nach, doch das Mädchen gibt nicht auf, mit jedem Schein sehnt sie sich danach, was ihr Vater ihr einst gab.

Eines Tages, es war bloß eine Frage der Zeit, findet der Vater heraus, was ihre Tochter so treibt. Spät am Abend, das Mädchen kommt geschafft die Türe rein, ihr Vater dahinter, schlägt sie, das Mädchen kann nur noch schrein. Und trotzdem, sie gibt niemals auf, ist ihrem Vater nicht böse, auch wenn er sie haut. Sie ist gefangen in der Vergangenheit, in diesem einen Traum.

Irgendwann, sie hält die Schläge nicht mehr aus, ihr Alltag ein Schlachtfeld, sie wollte doch kämpfen, doch stattdessen rennt sie raus. Lässt sie allein, ihre Eltern, die vier Kleinen, das wollte sie nie, und das erste Mal geht auch sie in die Knie.

All die Jahre, sie hatte gedacht, der Kummer wäre an ihr vorbeigegangen, all der Stress, er könnte ihr nichts anhaben. All die Schläge, all das Geschrei, sie war sich immer sicher, all das zieht an ihr vorbei. Doch in Wahrheit, ja, das weiß sie jetzt, hat er sich tief in ihr schon vor Jahren gesetzt. Doch sie ließ ihn nie raus, war immer die Starke, den Frust spürte sie nie, weil sie ihn so tief bewahrte. Doch irgendwann geht jeder Platz aus, und alles Erlebte, es sprudelt heraus. Alles auf einmal, und das Mädchen sieht, was mit einem Kind, das nie eins war, wenn es erwachsen ist geschieht.

Statt ihrer Familie weiter zu helfen, zieht sie aus über Nacht. Lässt sie einfach im Stich, dass sie das jemals macht, hätte sie niemals gedacht.

So wird es auch bleiben, wird sie nie wieder sehen, noch weiß sie es nicht, aber bald schon wird klar, zurück wird sie nie wieder gehen.

Jeden Abend, jede Nacht, sieht sie ihre Geschwister, sie sieht ihre Eltern, doch sie sieht nicht das Schlechte, nein, das blendet sie aus. Sieht nicht die Schläge, hört keine Schreie, all den Stress, sie sieht ihn nicht, sie sieht nur die glückliche Familie, das Lächeln ihrer Mutter und der vier Kleinen, ihren Vater, der sie in den Arm nimmt, lieb zu ihr ist. Doch all das Schlechte, was sie nicht sieht, sie fühlt es, tief in ihr. Es lebt in ihr, ihre Seele schon lange gefasst. Doch nicht ihr Herz, nein, das ist noch immer ganz weich. Denn sie hasst nicht die Welt, sie hasst nur sich selbst.

Doch auch wenn sie all das Böse nicht sieht, noch immer jeden einzelnen Teil ihrer Familie liebt, kann sie nicht mehr selbst entscheiden, was mit ihr geschieht. Nein, diese Entscheidung trifft nun die Krankheit, die Depression tief verankert.

o ***Nur zu deinem Besten***

Sie wollen sie schützen. Tags und auch nachts. Das Unheil da draußen, die vielen schlimmen Menschen, die Gefahr, die vor der Türe lauert. Sie darf nicht raus, wird eingesperrt. Es ist nur zu ihrem Schutz, zu ihrem Besten. Ihr geht es gut, und damit das so bleibt, wird sie gehalten daheim. Es ist die beste Möglichkeit, sie zu schützen, dafür zu sorgen, dass ihr nichts passiert, sie vor schlimmen Dingen zu bewahren, vor gefährlichen Menschen. Nein, da draußen ist nicht alles schön, nicht nur das Gute wartet vor der Türe, auch das Böse. Sie sind ihre Eltern, es ist ihre Aufgabe, ihre Verpflichtung, sie zu beschützen. Dafür sind Eltern schließlich da. Immer bedacht darauf, dass ihr nichts passiert. Sie ist doch noch so klein, noch ein Kind, ihr Kind, sie würden es nicht ertragen, passierte ihr etwas. Die Vorstellung, dass ihrer Kleinen etwas zustoßen könnte, diesen Gedanken, sie ertragen ihn kaum, halten sie fest daheim.

Zur Schule darf sie, doch die Auflagen sind streng. Sie wird gefahren, abgeholt, Freunde hat sie keine. Sie ist ein nettes Mädchen, freundlich und brav. Doch die anderen wissen, dass sie gar nichts darf. So verliert man Interesse, freundet sich nicht an, wie auch, Freunde wollen spielen, etwas, das sie nicht kann.

Sie kennt es nicht anders, es ist ganz normal, es ist ihr Leben, für sie, jeden Tag.

Doch auch das Mädchen wird älter, die Worte freier.

Immer deutlicher nimmt sie die Unterschiede zwischen ihren Mitschülern und sich selbst wahr. Immer klarer wird ihr, dass ihr Leben anders verläuft. Sie ist genauso wie die anderen, doch gehört nicht dazu. Es war normal, es war in Ordnung, doch mit der Zeit, sie begreift, dass es alles andere als normal zu sein scheint.

Auch ihre Eltern merken, dass es immer schwerer wird, ihr Kind zu beschützen. Noch immer dreht der Schlüssel jeden Nachmittag ganz nach rechts, schließt die Türe zu ihrem Kinderzimmer. Nur zwischendurch, wenige Male, darf sie das Zimmer verlassen, das Badezimmer aufsuchen. Gegessen wird unten in der Küche am Tisch. Gemeinsam zu dritt. Danach geht es wieder auf ihr Zimmer. Nach dem Abendessen bleibt die Türe bis zum Morgen geschlossen. Versperrt, damit der Kleinen auch ja nichts passiert.

Die Erzählungen der Schüler sind das einzige, was das Mädchen von der
Welt da draußen mitbekommt. Sie steht nie bei ihnen, doch lauscht ab und an.
Merkt von Tag zu Tag mehr, dass es da draußen ein Leben gibt. Ein Leben,
das all diese Leute leben, nur nicht sie, obwohl sie doch genauso ist.
Sie fragt ihre Eltern, die wissen genau, dass es brenzlich werden könnte,
wenn sie der Welt nicht vertraun.
Das Mädchen drängt, es quengelt und schreit. Aus dem braven Mädchen
wird eine Zicke daheim.

Wieder zu Hause, die Mutter hat gekocht. Das Mädchen jedoch keinen
Hunger, noch immer ist sie satt vom Vortag, das viele Essen hängt ihr zum
Halse heraus. Sie war ein schlankes Mädchen, einst gewesen, denn ihre
Eltern suchten einen Weg, sie zu beschützen. Einen Weg, der ihr erlaubt,
wenigstens von der Schule allein nach Hause zu gehen. Sie konnten ihr nicht
weiter alles verbieten, zu laut ihr Geschrei, also wird sie gemästet, damit sie
kein Interesse wecken würde. Kein böser Mann sollte ihrer Kleinen etwas tun,
dafür müssen sie schließlich sorgen.
Das Mädchen weiß, will sie ihre Freiheit, auf dem Weg von der Schule nach
Hause, muss sie es essen, der Bauch schon so voll. Doch sie zwingt es sich
rein, denn sie weiß ganz genau, diese Minuten der Freiheit, wie sehr sie sie
braucht.
Endlich reden sie mit ihr, die anderen Kinder, endlich gehört sie dazu, wenn
auch nur für ein paar Minuten, jeden Tag, nach der Schule.
Sie lernt immer mehr, sie hört immer mehr, sie zu Hause zu halten, für ihre
Eltern sehr schwer. Denn mit jedem Wort, mit jedem Tag, den das Mädchen
mit ihren Freunden sein darf, sieht sie eine Welt, die so viel größer ist als nur
der Blick aus ihrem Fenster, vor dem sie sonst immer sitzt.
Sie will mehr, doch ihre Eltern, sie wollen das nicht, auch die Schläge, die
helfen da nicht.
Das Mädchen versteht, sie ist zu klein, sie kann sich nicht wehren, sie kann
sich nur ducken, knien und schreien, nicht stark genug, um eine Abwehr zu
sein. Ihr Körper nicht stark genug, um sich dem Vater zu stellen, also muss
es ihre Seele sein, mit der sie sich wehrt. Ihre Haut, sie kann sie nicht in Stahl
verwandeln, also ist es ihre Seele, ihr Herz, das einst weich war, was sie
formt zu einem harten Ballen.

Ihre paar Minuten Freiheit, die sie raus darf allein, doch plötzlich will
niemand mehr bei ihr sein, denn wer will schon befreundet mit einem
Monster sein?

Verschwinden.

Wohin? Ich weiß es nicht. Einfach weg. Nie wieder zurück. Irgendwohin. Überall würde es besser sein als hier. Und trotzdem bleibe ich, als hätte ich keine Wahl. Schon damals wollte ich verschwinden, es hat funktioniert, Jahre gedauert, doch es hat funktioniert.

Die Flucht gewonnen. Schon Jahre zuvor. Und doch fühlt es sich an, als wäre ich gerade erst am Anfang. Den Anfang, den Start, schon lange verlassen, doch der Ziellinie ferner denn je. Von Tag zu Tag entferne ich mich weiter von dieser, doch kann sie immer noch sehen. Immer noch vor Augen, dieses Ziel, endlich glücklich zu werden. Ich sehe die Linie auf dem Boden, über die ich eines Tages laufen werde. Es ist nur ein dünner, kaum sichtbarer Strich, fast nur ein Schimmer, den man nahezu erahnen muss, doch ich kann ihn sehen, vielleicht auch nur seinen Schatten, aber das spielt keine Rolle, denn ich weiß, er ist da. Ich kann es fühlen, an manchen Tagen den Schimmer deutlich sehen.

Schon mein Leben lang jage ich diesem Strich hinterher, schon mein Leben lang auf der Suche nach dem Glück. Doch früher, da schien es, als wäre der Weg klar. Steinig war er schon immer, doch damals wartete nach jedem Stein ein deutlicher Pfeil. Ein Pfeil, der mir zeigte, wo lang und wie weit. Ich wusste damals ganz genau, nicht nur, wie, sondern auch, wann mein Ziel erreicht sein würde. So dachte ich, denn plötzlich, das Ziel, ich war da, für einen kurzen Moment, das Glück gegriffen, das Gute ganz nah. So nah, dass ich es spüren konnte. So nah, dass ich es nicht greifen musste, denn das hatte ich längst getan. Hielt es in den Händen, ließ es nicht mehr los.

Doch, was ich nicht wusste, damals am Ziel, dass der Weg des Lebens eine Wippe ist. Eine Wippe, die langsamste dieser Welt, die irgendwann kippt, ganz langsam hinab, doch du gehst weiter, das Glück fest in der Hand. Mit einem Lächeln läufst du vorbei an kleinen Steinen. Manche kosten Zeit, andere bloß Kraft, doch all die Steine, mit dem Glück in der Hand, sind einfach zu meistern, kein großer Kampf. Doch dann, eines Tages, du bist so weit, die Wippe noch weiter, noch tiefer geneigt, rollen all die Steine der Vergangenheit vorbei.

Sie sind schneller als du, brauchten bloß Zeit, du hattest einen Vorsprung, sie rollten erst los, in der Mitte des Weges, in der Mitte, wenn die Wippe beginnt, langsam zu kippen.

Und irgendwann, dann ist es so weit, spring ab oder lauf, sie rollen sonst auf dich drauf. Was machst du? Rennst du? Wenn ja, so schnell du kannst. Doch das wird dir nichts bringen, denn eines Tages, die Luft geht dir aus, du wirst langsamer, spätestens dann rollen sie auf dich drauf. Aufgeschoben ist nicht aufgehoben, alles nur eine Frage der Zeit. Du musst dich entscheiden, holst du dir einen Vorsprung, der kostet dich Kraft, doch schenkt dir Erfahrung und Zeit. Oder aber du beginnst den Kampf schon sofort, dir fehlt die Erfahrung, doch die Stärke mit an Bord.

Ganz gleich, wie du dich entscheidest, egal was du tust, so oder so, sie kommen auf dich zu. Und du begreifst, egal, ob es dir passt, die Vergangenheit lässt dich niemals los, bleibt immer eine Last.

Doch so ist es nicht bei jedem, das weiß ich genau, nicht bei jedem sind die Steine so schwer und so grau. Es gibt keinen Weg, diesen Steinen zu fliehen, doch es gibt einen Weg, trotzdem weiter zu gehen. Sie werden dich überrollen, ganz egal, wie sehr du kämpfst. Sie werden dir das Glück entreißen, du klammerst dich fest. Doch all die Kraft, all die Stärke, die nutzt dir nichts, das Glück wieder weg, verschüttet unter dem Haufen Steinen, der deine Seele bedeckt.

Stumm und fast taub liegst du darunter, kannst kaum noch sehen, kaum noch atmen, vereinsamst immer mehr. Jeder Tag gleicht der Hölle, die Lasten zu schwer. Doch du weißt, du hast es schon einmal geschafft. Schon einmal dein Ziel erreicht, schon einmal den Kampf gewonnen, schon einmal geflüchtet, und das bis zum Ziel.

Schon einmal geschafft, wonach ich mich jetzt wieder sehne. Doch damals war es leichter, das weiß ich heut. Denn damals, daheim, das Grauen, mein Heim, doch immerhin, ich war vor Ort, konnte Schlachten schlagen, denn ich war ja dort. Doch jetzt, jetzt ist es anders. Ich bin nicht mehr da. Nicht mehr da, wo ich früher einst war. Ich bin schon lange woanders, ganz weit weg. Muss Schlachten von früher schlagen, aber wie, ich bin doch so weit weg. Ja, ich bin frei, bin den Teufel in Form meines Vaters los, aber dafür sein Schatten, der mich am Boden hält, zu groß, der mich nicht loslässt, ich kann nicht gehen, mich nicht bewegen.

Doch noch immer spüre ich, wie es mal war, als das Glück, als wärs gestern, war mir so nah.

Also beschließe ich, zu kämpfen, ich weiß, es wird mühselig, es wird dauern, schon jetzt fühle ich mich leer, doch ich werde kämpfen, wie seit jeher. Wie schon immer, anders kenne ich es kaum. Doch von hier, von so weit weg, kaum möglich, ein Plan muss her, ich finde ihn nicht, einen passenden zu finden, scheinbar zu schwer.

Also probiere ich alles aus. Gehe jeden Weg, in jede Gasse, in jede Ecke
schaue ich hinein. Laufe über jede Straße, in jeden Wald, in jedes Haus,
pflücke jede Blume, lerne alles kennen, alles lieben, alles hassen.

Alles versucht, innerlich leer, doch die Sehnsucht nach dem Gefühl, sie wiegt
immer noch schwer. Diese Linie, wenn auch nur ihr Schimmer, ich suche sie
jeden Tag. Auf jedem Weg, in jeder Gasse, in jede Ecke schaue ich hinein.
Suche auf jeder Straße, in jedem Wald, in jedem Haus, pflücke jede Blume,
denn da hinter könnte ja etwas sein.

Jahre vergehen, die Zeit zieht vorbei, so viele Dinge erlebt, und trotzdem
nicht frei. So vieles gesehen, so vieles gehört, so vieles gelernt, doch das
wichtigste fehlt.

So oft gelächelt, noch öfter geweint, nur selten allein, doch einsam noch
immer, wie damals daheim.

Mittlerweile bin ich vierzig, mein Leben schon weit, doch das Glück von
damals suchte mich nie wieder heim. Ja, es gibt Momente, die geben mir
Kraft, doch reicht sie nur für ein Lächeln, das andren Mut macht. Aber nicht
mir selbst, nein, das weiß ich genau, denn wird dir Schwäche gelehrt, wird
dir Kraft geschenkt, mit der du anderen kannst helfen, doch nie dir selbst.
Und irgendwann, da wird dir bewusst, du kannst nicht kämpfen von so weit
weg, du weißt, du musst zurück.

Ein letztes Mal, die letzte Kraft, du schnürst sie zusammen, deine Seele
geschafft, dein Körper träge, deine Gedanken am Rudern. Doch, noch stehst
du auf den Füßen, die dich tragen zurück. Zurück in die Schlacht.

Dort angekommen, siehst du die Trümmer, du stehst, stehst inmitten der
Scherben und weinst, weil du die Linie siehst, du siehst das Ziel, das Ziel von
damals, dein Glück dir so nah. Doch du siehst, es ist schon lang nicht mehr
da.

Noch immer siehst du den Schimmer, du erinnerst dich zurück, wie es war,
dieses eine Mal, als das Glück war dir nah.

Doch heute, diese Linie, bedeckt voller Scherben, sie erlauben dir den Blick,
zeigen, dass nur Trümmer, Scherben und Steine den Weg mit dir gehn. Sie
erlauben den Blick, du sollst sehn, dass sie rollen, sobald die Wippe kippt,
und du siehst sie, die Linie, sie zieht nicht mit. Sie beginnt nicht zu rollen,
wenn die Wippe kippt. Du verstehst, ein Ziel, es ist nicht lose, somit rollt es
nicht mit, wenn die Wippe kippt.

Auf dem Foto ein lächelndes Kind, das im Garten spielt. Glücklich. Sich nicht sorgend. Im Hier und Jetzt lebend. Zufrieden. Die Gedanken frei, das Leben erfüllt.

Ich sehe dieses kleine Mädchen. Doch mich, nein, mich sehe ich auf diesem Foto nicht. Nicht mehr. Ich weiß, dass ich es bin, die auf diesem Foto lächelt, doch ich fühle es nicht. Nur ein fremdes Kind, das bin doch niemals ich. Wo ist sie hin, dieses glückliche Kind?

Sie hatte Freude, wollte spielen, liebte die Sonne und das Licht. Sie liebte die Wärme, das Gras unter den Füßen. Sie liebte ihre Freunde, freute sich jeden Tag darauf, am Nachmittag mit ihnen auf der Straße oder im Garten zu spielen. Sie spielten Ball, Fangen oder Verstecken. Bauten Burgen im Sand. Sie lachten, jeden Tag, dieses Leben, es gehörte mir, ich war mittendrin. Ich war froh, wenn andere lachten, wenn sie glücklich waren, wenn sie sich freuten, dieses Mädchen auf dem Foto, ein strahlendes Kind, doch heute, wo ist dieser Mensch nur hin?

Wenn ich in den Spiegel schaue, ich sehe sie nicht mehr. Ihre Augen, ihr Strahlen, ihr glänzendes Haar, es ist alles dahin. Stattdessen braune Ränder, die meine Augen schmücken, trockene Haut, kaum noch Haar. Dem Verfall kann ich zusehen, und das jeden Tag, schaue zu, wie ich sterbe, der Tod in mir drin. Schleicht er langsam nach außen, ruiniert das Spiegelbild, bis seine Arbeit dort getan und er sich mit mir schlafen legt.

Die Rollladen unten, das Licht aus, es ist mitten am Tag, trotzdem gehe ich nicht raus. Verstaue meinen Körper in der Wohnung, weil ich mich schon lange nicht mehr traue da raus.

Ich hasse diese Welt, und doch, ab und an, fahre ich die Rollladen ein Stück hoch, spähe hinaus. Sehe Menschen dort sitzen, im Garten gegenüber. Ein Tisch gefüllt mit Essen, Getränke sehe ich auch. Zwei Tische, vier Bänke, Menschen darauf. Jung und auch alt, sie lachen, sie reden, dieser Lärm, ich halte ihn kaum aus.

Ich verstehe nicht, wie sie Gefallen daran finden können, einfach rumzusitzen und nichts zu machen. Sich über belanglose Dinge zu unterhalten, die Zeit verstreichen zu lassen. Ohne Ziel, ohne Sinn.

Ich fahre die Rollladen wieder herunter, sodass ich die Menschen nicht mehr sehe. Nicht mehr sehen muss. Doch den Lärm, ihre Stimmen, ich höre sie noch immer. Zum Glück habe ich Ohropax, die ich in meine Ohren stecke, um den Geräuschen zu fliehen.

Es ist komisch. Einerseits möchte ich dabei sein, möchte bei ihnen sitzen, andererseits verabscheue ich sie und kann mir nichts Schlimmeres vorstellen, als bei ihnen am Tisch Platz zu nehmen und inmitten der Masse zu sein. Genau das will ich auch. Dieses Leben, das die Menschen da draußen führen. Gleichzeitig gleicht diese Vorstellung einem Horror. Ich will dabei sein, ohne dabei zu sein.

Während ich diese Menschen verurteile, sie verabscheue, weil sie einfach nur dasitzen, in diesem Moment kein sinnvolles Ziel verfolgen, weiß ich, dass ich diejenige bin, die nichts tut, und das den ganzen Tag. Doch so fühlt es sich nicht an. Ich verfolge ein Ziel, jeden Tag, als würde ich laufen, während die anderen sich ausruhen, ich eile, während die Menschen sich im Garten langsam treiben lassen, und doch komme ich keinen Schritt voran. Sie schon. Mein Kopf kämpft, meine Gedanken schmieden, doch ich komme nicht hinterher, als wären meine Gedanken zu schnell, um ihnen folgen zu können. Große Ziele, große Schritte, doch bleibe auf der Stelle stehen.

All diese Menschen sind dumm. Dumm und naiv.

Es ist merkwürdig, denn die letzten Monate habe ich kaum noch etwas von
der Welt gesehen, mich nur selten mit Menschen unterhalten und dennoch
das Gefühl, ich sei intelligenter geworden. Ich bin mit mir allein, sehe jeden
Tag nur meine Wohnung, höre meist nur meine eigene Stimme, wenn ich
wieder einmal mit mir selbst spreche, und doch lerne ich. Ich lerne, die
richtigen Dinge zu schätzen. Ich lebe sie nicht, aber ich kenne sie. Ich weiß
so vieles, ich kann so vieles, ich tue nichts davon, doch ich weiß, wie ich es
tun müsste. Ich sehe es, wenn Menschen lügen, ich spüre, was Menschen
fühlen. Das alles konnte ich vorher nicht. Ich bekomme nichts mit, und
dennoch werde ich weiser. Jeden Tag, ich hole all die Menschen da draußen
ein, und das, obwohl sie lernen, scheinbar im Gegensatz zu mir, doch
wahrscheinlich lernen sie das Falsche. Vielleicht bringt die Welt einem das
Falsche bei. Doch unser Unterbewusstsein ist so viel intelligenter, so viel
komplexer. Vielleicht haben all diese Menschen da draußen keine Zeit, auf
dieses zuzugreifen, weil sie abgelenkt werden, abgelenkt von der hässlichen
Welt da draußen. Von den falschen Menschen, den sinnfreien Regeln, den
widersprüchlichen Gesetzen. Sie haben keine Zeit, sich mit ihrem
Unterbewusstsein auseinanderzusetzen. Und nur da findet man die Wahrheit,
nur da findet man den Sinn, den Verstand, die Lösungen. Aber ich habe diese
Zeit. Ich bin gefangen in mir selbst. Dort wachse ich, dort reife ich, dort lerne
ich, doch all das Erlernte, ich kann es nicht nach draußen tragen, weil ich
nicht in diese Welt hineinpasse. Ich habe so wahnsinnige Furcht vor der Welt
da draußen. Ich suche einen Weg, mich zu befreien, ich bin schlau genug, um
diesen Weg zu finden, das weiß ich. Doch genauso gut weiß ich, dass ich
nicht den Mut haben würde, diesen Weg zu gehen. Denn, entfernt man sich
zu lange aus dieser Welt, nimmt man zu lange, und zu großen Abstand,
erfährt man immer mehr über die Welt, plötzlich sieht man, wie grausam
diese Welt ist, man wächst, findet Lösungen, weiß auf einmal, wie man die
Welt zu einem besseren Ort machen könnte, doch wenn man so viel
Schlechtes sieht, über so viele Jahre, bringt all das Wissen nichts. Ist man
weit genug, um einzuschreiten, ist die Mauer schon lange zu hoch.

Jede Nacht knie ich vor dem Fenster, schaue hinaus. Für eine Weile.
In dieser Nacht ist es anders.
Die Umzugskartons sind gepackt, sie stehen alle unten im Wohnzimmer.
Mein Schlafzimmer ist leer, bloß noch eine Matratze auf dem Boden. Vor
dem Fenster. Die Vorhänge zugezogen. Wie fast immer.

Ich setze mich auf die Matratze, werfe einen Blick durch den großen, leeren Raum.

Drehe mich um, ziehe den Vorhang zur Seite und schaue hinaus.

Es ist mitten in der Nacht. Ich kann über die Dächer schauen, doch auch auf die Straße. Niemand ist da, alle schlafen.

Mein Blick hebt sich, schaut wieder geradeaus. Bäume, Dächer, Fenster, in zweien brennt Licht. Doch hauptsächlich sind es Bäume, die man sieht. Diejenigen, die etwas weiter hinten stehen, kann man nur noch erahnen, sie nur als Bäume identifizieren, wenn man es weiß. Zu dunkel. Es wirkt wie eine grüne, sehr unebene Fläche. Dahinter viele Lichter, viele kleine Lichter. Die Stadt. Weit weg und dennoch erkennt man sie. Die bunten Lichter der Stadt werfen ihren Schein bis zu mir. Doch ist dieser so sanft und friedlich, dass er dennoch dunkel wirkt. Überhaupt nicht stört.

Ich weiß, dass sie da ist. Dass sie irgendwo da draußen ist. Sie ist in der Stadt, auf die ich gerade schaue. Sie ist da. Fast, als könnte ich sie sehen. Als müsste ich nur mein Haus verlassen und immer weiter geradeaus gehen. Irgendwann wäre ich da. Bei ihr. Sie ist da, das weiß ich, doch ich kann nicht zu ihr.

Ich hasse es, zu wissen, dass sie irgendwo da draußen ist, dass es nur wenige Minuten wären, die ich mit dem Auto fahren müsste, um bei ihr zu sein, und ich dennoch hier sitze, allein, ohne sie, und nicht bei ihr bin. In irgendeinem dieser Häuser ist sie. Und ich bin hier.

Was soll man machen? Wenn man eine Person so sehr vermisst. Weiß, wo sie ist, weiß, dass man in wenigen Minuten bei ihr sein könnte, doch genauso gut weiß, dass dieser Tag niemals kommen werde. Schließlich gehören immer zwei dazu. Ein Wille, eine Liebe, reicht nicht, wenn sie nicht erwidert wird. Es tut einfach nur weh. Macht einen verletzlich. Schwach und stark zugleich.

Doch gerade in der Nacht, ist es nur noch die Schwäche, die siegt. Von der Stärke scheint kaum etwas über. Es macht uns stark, so heißt es. Vielleicht tut es das. In vielen Jahren. Aber im Moment macht es mich nur traurig und wütend. Ist es das wert? Ich weiß es nicht. Wahrscheinlich nicht. Und dennoch ist es notwendig, weil es anders nicht funktionieren könnte. Es könnte nie gut sein, wenn es immer nur gut wäre.

Doch dieses Wissen hilft nicht, wenn ich nachts an meinem Fenster sitze und dich vermisse. Es scheint alles sinnlos und leer, nichts hat einen Wert. Nichts außer dir. Ich habe die letzte Zeit so viele Dinge getan, ohne die ich besser dran gewesen wäre, alles in der Hoffnung, auf eine Zukunft mit dir. Immer mit dem Wissen, so werde es nicht sein, so werde es nie sein, und dennoch, könnte ich die Zeit zurückdrehen, würde ich es wieder tun. Wieder genauso. Würde wieder Dinge tun, die mir schaden, nur um dich zu sehen. Hätte mir jemand gesagt, dass all das nichts bringen, all das umsonst sein würde, ich hätte es dennoch getan. Ich kämpfe, auch wenn ich weiß, wie der Kampf ausgeht. Wieso? Weil ich der Meinung bin, dass man, wenn man keine Chance hat, genau diese nutzen sollte.

Ich kann nicht anders.

Nicht ohne dich.

Und doch bin ich hier.

Jeden Tag, ohne dich.

Anscheinend kann ich doch,

aber glücklich,

das macht es mich nicht.

Diese Nacht ist es besonders schmerzvoll. Wahrscheinlich, weil ich in wenigen Tagen hier ausziehen werde und dies die Wohnung ist, in der alles begonnen hat. Dies ist die Wohnung, der Grund, wieso ich dich kennengelernt habe. Das ist die Wohnung, in der ich seit vielen Monaten sitze, an dich denke und dich vermisse.

Hier in dieser Wohnung ist eine ganze Welt entstanden. Eine Welt, die real wirkt, es aber nicht ist. Eine Welt, aus der ich fliehen möchte, und dennoch alles tue, um in ihr zu bleiben.

Ich habe die Hoffnung, wenn ich diese Wohnung verlasse, auch meine Welt verlassen zu können. Die Hoffnung, dass ich dieses Kapitel schließen, all den Schmerz und die Trauer ablegen könne. Dass dort eine andere Welt auf mich wartet. Eine Welt, die mich glücklich machen wird. Doch ich weiß, so wird es nicht kommen. Ich weiß, dass ich meine Welt mitnehmen werde. Sie ist so groß und präsent geworden, dass es keine Rolle mehr spielt, wo ich bin, nein, sie nehme ich mit. Mehr als das. Ich lebe in ihr. Ich kann diese Welt nicht verlassen, indem ich woanders hingehe. Ich kann sie nur verlassen, indem ich woanders hinwill. Aber das will ich nicht. Ich will nicht raus aus meiner Welt. Ich will dich mitnehmen.

Ich werde weiterkämpfen, ganz gleich um welchen Preis. Alles umsonst, darüber bin ich mir bewusst.

Das nennt man wohl Liebe. Das kleine Wort, diese verfluchten fünf
Buchstaben, die all die Menschen da draußen zum Lächeln bringen. Das
muss sich gut anfühlen. Ich kann es mir nur vorstellen, denn mich bringt es
zum Weinen. Jeden Tag.
Bald wird es ein neues Fenster geben, schon in wenigen Tagen, durch das ich
rausschauen werde. Doch ich werde dasselbe fühlen. Dasselbe vermissen.
Du kannst mir die Chance geben, aus meiner Welt eine Realität zu erschaffen.
Oder du bleibst da, wo du bist,
irgendwo inmitten der Lichter der Stadt, über die ich jede Nacht schaue, weiß,
dass du da bist, da irgendwo hinter den Bäumen, in irgendeinem Haus.
Vielleicht stehst du gerade in der Küche und lächelst. Aber wahrscheinlich
schläfst du. Fuck, es wären nur ein paar Minuten bis zu dir.
Aber diese Minuten werden es auch immer bleiben. Entscheidend ist nicht,
wie groß der Abstand ist, sondern, ob es einen Abstand gibt.

Zwei Wochen später.
Es ist ein anderes Fenster, vor dem ich nachts sitze. Doch das, was ich fühle,
noch immer dasselbe. Noch immer sehe ich dich, inmitten der Ferne, noch
immer so nah und doch nicht bei mir.
Aber hier gibt es Nächte, in denen ich dich nicht vermisse. Ja, auch in diesen
fehlst du mir, doch nicht so sehr, dass ich die Kontrolle verliere.
Genau das wollte ich, dass es mir endlich besser geht, doch vor dem Fenster
zu sitzen, mich nach der Sehnsucht zu sehnen, das hat für mich keinen Wert.
Ich brauche den Schmerz, diese Zerrissenheit in mir, die mich bis an meine
Grenzen bringt. Ich will es fühlen, fühlen, wie sehr du mir fehlst, wie sehr
ich dich brauche. Ich will mich nach dir sehnen, wütend sein.
Diese Trauer, die in mir aufsteigt, wenn ich an all die glücklichen Paare
denke, wo ist sie nur hin? Ich beschwere mich, wenn ich unten bin, vergesse
jedes Mal, wie sehr ich es doch liebe. Verliebt in meine Schmerzen. Ich habe
kein Recht, mich zu beschweren, wenn ich glücklich da unten bin, mitten in
den Trümmern, nur da spüre ich mein Herz. Und doch ist es mein
Selbstmitleid, was mich jedes Mal denken lässt, ich würde da raus wollen.
Doch erst wenn mein Kopf raus lugt aus dem Scherbenhaufen, merke ich,
wie fad diese Welt für mich ist. Wie langweilig und sinnfrei, kein Ziel ist in
Sicht.
Sehnsüchtig warte ich auf den nächsten Fall, um wieder zu spüren, ich bin
noch da.

Wieder zurück, inmitten der Scherben, mein blutiges Herz, schwer liegt es da,
doch endlich kann ich den Herzschlag wieder spüren. Es schlägt im Takt,
bloß schneller als normal. Hier unten kann ich kämpfen, hier gibt es Ziele,
die ich verfolgen kann. Jeder Kampf scheint sinnlos und trotzdem ein Ende
in Sicht, dieses Ende, die Neugier, sie hält mich jede Nacht wach, und bin ich
wieder oben, merke ich, dass ich diesen Schlaf gar nicht brauche.
Da oben ist alles so farblos, dort kann ich nicht denken, nicht träumen, so
müssen sich all die normalen Menschen fühlen, das erklärt so einiges!
Vielleicht bin ich noch nicht bereit, für immer dort oben zu bleiben.
Vielleicht soll es so sein, vielleicht will ich das so. Vielleicht übersehen wir,
dass es da unten noch etwas gibt, was wir mit nach oben nehmen wollen.
Zwischen all den Scherben findet sich irgendwann eine, die uns zeigen wird,
dass die Zeit da unten wichtig war. Diese werden wir finden, wenn wir lange
genug suchen!

So oft habe ich mich bei dir gemeldet. In jeder Stille rufe ich nach dir. Jede einsame Sekunde trägt mich dichter an dich heran. Ich will dir ganz nah sein, ich habe dir gesagt, dass es Zeit sei, dass du mir sehr fehlest, doch du hörst mir nicht zu. Jedes Wort nur Gedanken, jede Träne ein Schrei, doch egal, wie oft ich weine, bleibe ich trotzdem einsam und allein.

Ich drehe mich im Kreis, wieso siehst du das nicht? Hörst du mich? Merkst du, dass sie mich nicht brauchen? Nicht einmal dich scheint das zu interessieren.

So oft sagte ich dir, dass ich bereit sei. Und ja, das bin ich. Ich bin bereit. Die Sachen gepackt, stehe ich hier und warte. Doch du tauchst nicht auf. Wie oft muss ich dich noch berühren, um dich endlich greifen zu können? Es ist mir egal, wie du aussiehst, es interessiert mich nicht, wie du heißt, ich möchte nicht wissen, was mich erwartet, ich möchte nur fühlen, was es heißt, frei zu sein.

Diese Freiheit, nach der ich mich schon mein ganzes Leben sehne, versprichst du, doch der Weg scheint zu schwer. Denn jedes Mal, kurz davor, fragst du mich, ob ich es nicht nochmal versuchen möchte. Nein, das möchte ich nicht, sage ich jedes Mal, doch sind es nicht die Worte, die dich interessieren. Es sind nicht die Worte, mit denen man dir antworten kann. Du willst, dass ich es fühle, du willst, dass ich aufgebe, bevor ich zu dir komme. Das habe ich. Ich habe aufgegeben. Und trotzdem lässt du mich nicht zu dir. Ich bin fertig, ich habe alles erlebt, es gibt nichts mehr, worauf ich mich freue, nichts mehr, was ich tun möchte, wieso siehst du das nicht?

All die Menschen verabschieden sich von mir, aber ich darf das nicht? Sie gehen, doch ich muss bleiben, stehe hier ganz allein, jeden Abend diese Angst und das Wissen, dass der nächste Tag noch schlimmer werde. Denn sie alle sind weg, das einzige, was sie hinterlassen haben, sind die Gedanken, die mich quälen. Sie sind alle weg, siehst du das nicht? Sie alle sind bei dir, als hätte man mich vergessen, als wäre ein Fehler passiert, für den ich allein geradestehen muss. Ich kann sie nicht ersetzen, ich habe es versucht, immer wieder, doch da draußen gibt es niemanden, der mich sieht.

Ich bin schon lange nicht mehr da, doch woanders bin ich auch nicht. Und genau das ist das Problem. Ich bin gegangen, ohne loszulaufen. Renne vor mir selbst weg und nehme mich trotzdem überall mit hin. Doch dieses ´Überall´ verändert sich nie. Immer sieht es gleich aus, wie ein Weg vor einem Spiegel. Zu oft schon bin ich dagegen gelaufen, wie oft noch, bis du begreifst, dass ich bereit bin, zu dir zu gehen? Jeder Tag gleicht dem anderen, so vorausschaubar, nur die Welt in meinem Kopf verändert sich. Davon bekomme ich zwar nichts mit, doch so muss es sein, sonst würde die Angst vor morgen nicht jeden Tag ein Stück größer sein.
Doch all das scheinst du zu ignorieren, als wäre ich selbst dir egal. Nicht einmal du schenkst mir ein zu Hause, ich brauche nicht viel, vielleicht einen kleinen Platz, doch scheinbar erwarte ich selbst damit zu viel, denn der Atem findet jedes Mal zu mir zurück, lässt mich am Leben,

als würde es hier auf der Erde noch irgendetwas für mich geben.

Die Mutter ist kaum noch in ihrem Café. Angestellte hat sie viele, der Betrieb läuft auf Hochtouren. Ab und an schaut sie vorbei, doch das meiste erledigt sie von zu Hause aus, um den Rest kümmern sich die Angestellten. Auch ihr Mann ist ein erfolgreicher Unternehmer. Beide in derselben Branche, beide in der Gastronomie. Sie hat ihr Café, und ihr Mann ein kleines Restaurant an einem schönen See. Abgelegen, doch so bekannt und beliebt, dass Leute von überall aus herkommen, um dort zu speisen.

Es wird dem Jungen in die Wiege gelegt. Das Talent, zu backen, das Talent, ein erfolgreiches Unternehmen zu führen. Er wächst in dieses Leben rein, wächst in diesem Leben auf, schaut jeden Tag zu, lernt, wie es geht. Für ihn steht schon früh fest: Ja, auch er möchte später mal ein Café eröffnen. Er möchte backen, er möchte verkaufen, er möchte ein Café besitzen, auf dem sein Name steht.

Schon in jungen Jahren beginnt er, in dem Café seines Vaters zu jobben. Er wird älter, immer mehr Zeit verbringt er in der nach Schokolade und Käsekuchenteig duftenden Stube.

Nach Beendigung seiner Schule ist es dann so weit. Er eröffnet sein eigenes Café. Finanzielle Unterstützung dafür bekommt er von seinen Eltern, die ihm immer zur Seite stehen. Auch um das Marketing kümmern sie sich, sodass das Café des jungen Mannes von Anfang an viele Gäste herlockt und einen beachtlichen Umsatz wirft.

So läuft es einige Jahre, er trat in die Fußstapfen seiner Eltern, war schnell genauso erfolgreich, arbeitet rund um die Uhr. Das Geschäft läuft so gut, dass er beschließt, anzubauen. Damit alle Gäste versorgt werden können, braucht er dringend einen weiteren Konditor oder eine weitere Konditorin. Er gibt eine Stellenanzeige auf und schon am nächsten Tag stellt sich eine Frau bei ihm vor.

Nicht nur von ihrer Arbeit, auch von ihr selbst ist der erfolgreiche Unternehmer angetan. Es dauert nicht lange und aus einem Chef-Angestellten-Verhältnis wird zudem eine Beziehung.

Es ist das erste Mal in seinem Leben, dass ihm diese Seite des Lebens gezeigt wird. Ja, auch zuvor sah er Menschen, die Händchen hielten. Menschen, die sich küssten. Menschen, die ihr Leben als Paar verbrachten. Doch niemals hatte er sich Gedanken darüber gemacht, ob ein solches Leben auch für ihn in Frage kommen könnte. Es war für ihn zwar immer Teil dieser Welt, doch nie Teil seiner Welt. Seine Eltern hatten sich noch vor seiner Geburt getrennt, mit Liebe war er zwar aufgewachsen, doch war diese immer vollkommen auf das Geschäftliche ausgerichtet. Anders kennt er es nicht. Bis zu dem einen Tag. Dem Tag, an dem die hübsche Brünette die Türe zu seinem Café reinkam.

Es beginnt ein neuer Lebensabschnitt. Der junge Mann lernt eine neue Seite des Lebens kennen, eine spannende und wunderschöne Seite.

Anfangs arbeitet seine Freundin bloß halbtags bei ihm im Café, doch das ändert sich schnell. Schon bald ziehen die beiden zusammen, führen das Geschäft gemeinsam. Die Frau arbeitet tatkräftig mit, unterstützt ihn, wo sie nur kann. Schnell werden sie zu einem eingespielten Team, alles scheint perfekt.

Doch mit der Zeit, die Backstube verdreckt immer mehr, Schimmel beginnt sich zu bilden, sauber gemacht wird nur noch selten, der Mann lächelt immer weniger, redet immer weniger, verschwindet immer mehr in sich selbst. Morgens schafft er es nur noch schwer aus dem Bett, die Frau leitet das Unternehmen quasi allein.

Es schien alles so rosig, wie von heute auf morgen brach die Depression herein.

Doch die Frau sieht ihn noch immer, den Mann, in den sie sich damals verliebt hat. Er ist noch immer da, noch immer ist er gepflegt, sein lockiges Haar sitzt noch immer perfekt, sich selbst lässt er nicht gehen, auch zu ihr ist er freundlich, wie immer, doch sein Café zieht er immer weiter in den Dreck. Die Frau weiß, dass er Hilfe braucht, allein würden sie es nicht schaffen. Sie wissen nicht, was ihm fehlt. Er hat sich verändert.

Ein Unternehmensberater soll es richten, er soll helfen, damit das Café wieder läuft. Denn die Gäste bleiben schon lange aus, Umsatz wird kaum noch gemacht, stattdessen wächst ein Berg voller Schulden vor sich hin, die Frau ist nicht in der Lage, das ganze Unternehmen allein zu stemmen, schließlich ist da ja noch ihr kleiner Sohn, den sie mit in die Beziehung gebracht hatte.

Rote Zahlen, die wie im Nu steigen. Von Tag zu Tag wird das Minus größer, seine Laune schlechter.

Der Unternehmensberater macht sich ein erstes Bild.

Schnell macht er dem verzweifelten Mann deutlich, dass er nur helfen könne, wenn man mitarbeite, wenn man wirkliches Interesse daran habe, die Hilfe anzunehmen.

„Ich brauche Hilfe", sagt der Mann wiederholt.

Doch der Berater sieht keinen Ehrgeiz und somit keine Chance, den Betrieb wieder in die richtige Bahn lenken zu können. All das wird aufgezeichnet und im TV gezeigt, hunderte von Menschen schauen sich diese Folge an, hunderte von Menschen sehen den scheinbar lustlosen und unmotivierten Mann. Reagieren mit Unverständnis, werfen ihm vor, Hilfe, die er kostenfrei bekommt, nicht anzunehmen, nicht umzusetzen. Bezeichnen ihn als ´Schlampe´. Es rieselt tausende von negativen Kommentaren. Seine Frau solle dieses undankbare Schwein verlassen, liest man immer wieder. Doch nur wenige sehen die Krankheit dahinter. Nur wenige sehen den Mann, der er einst war. Anstatt ihm zu helfen, wird sich nur darum gekümmert, die Einschaltquoten zu erhöhen, die Krankheit auszunutzen, um eine erfolgreiche Folge ausstrahlen zu können. Nie wurde IHM die Hilfe angeboten, es wird nur sich selbst geholfen, indem man die Menschen in ein noch tieferes Loch zieht.

Plötzlich war sie weg. Einfach nicht mehr da. Seitdem liege ich hier, erinnere mich zurück, an den Moment, in dem ich sie das letzte Mal sah.

Ich bin ein Mann, ich muss starksein, Männer weinen nicht, sie kämpfen. Das hört man immer wieder. Aber ist das wirklich so? Soll das wirklich so sein? Vielleicht.

Bin ich schwach, weil ich weine? Weil ich traure?

Seitdem sie weg ist, bin ich es auch. Jedenfalls scheint es so. Ja, ich bin noch da, irgendwie, doch so fühlt es sich nicht an. Diese Leere in mir, sie hatte sie ausgefüllt. Jeden Tag, jedes Jahr, ich war sicher, sie war mein Schutz. Mit ihr konnte mir nichts passieren, niemand hätte etwas sagen können, das mich hätte runterziehen können, denn ich wusste ganz genau, sie sei an meiner Seite, mehr brauchte ich nicht. Ihre Liebe, das war mehr als genug. Alles, was ich jemals wollte, alles, was ich jemals brauchte. Es würde für immer so sein. Das dachte ich. Bis zu dem Tag, an dem mir klar wurde, dass ich mich getäuscht hatte. Denn plötzlich, von jetzt auf gleich, war unsere Beziehung vorbei. Wir haben uns immer geschützt, du warst mein Schutzschild, ich war deines. Ich fühlte mich sicher.

Es ist komisch, denn ich weiß alles über dich, und doch weiß ich heute nicht einmal mehr, wo du bist. Liebe kann weh tun, das habe ich gewusst, doch dass sie einen langsam sterben lassen kann, das wusste ich nicht. Alles war gut, wie ein Vorbild für andere, doch anscheinend übersah ich etwas, sonst wärest du heute noch hier.

Jeden Tag sage ich mir selbst, ich müsse starksein, ich habe genug getrauert, es sei vorbei, es sei Zeit für einen Neuanfang. So machen das die anderen doch auch. Sie führen Beziehungen, trauern, werden wütend, und schon nach wenigen Wochen tauchen sie mit einem neuen Partner auf. Wieso kann ich das nicht? Wieso geht es mir seit Jahren beschissen? Wieso komme ich nicht über sie hinweg? Wie lange noch?

Was am Anfang oft nur die Seele betrifft, macht sich in vielen Fällen früher oder später auch körperlich bemerkbar.

Im Innern beginnt es zu wachsen, nistet sich ein, erschafft sich dort ein eigenes Reich, nutzt die Seele als Platz, um zu wachsen. Nimmt einen Menschen ein, greift das Herz an, irgendwann auch den Verstand. Doch, du hast etwas in dir, was dagegen ankämpft, etwas Gutes in dir.

Aber irgendwann genügt der Platz nicht mehr, ganz unbemerkt bittet die Depression deinen Körper um Hilfe, sie bittet dich, Platz zu schaffen, denn sie möchte noch weiterwachsen.

Du ignorierst es, kämpfst dagegen an, doch aus der Bitte wird schnell ein Zwang. Du hast keine Wahl, du schaffst Platz, ganz wider Willen. Du tauschst das letzte Gute in dir ein, kein Platz mehr für gute Taten, kein Schmerz, der gelindert werden kann, die körperlichen Beschwerden kommen dazu. Migräne, Haarausfall, Übelkeit, du bekommst das Gefühl, nicht mehr lange zu leben. Jeder Tag, so fühlt es sich an, könnte der letzte sein.

Ich wusste, es könnte jeden Tag so weit sein. Jeden Moment, jede Sekunde. Das sorgte für Aufregung, für Angst. Ich wusste nicht recht, damit umzugehen, mit diesen gemischten Gefühlen in mir. Es gab Tage, an denen überwiegte die Freude, dann wiederum gab es Tage, an denen ich vor Angst und voller Verzweiflung im Boden versinken wollte.

Ich akzeptierte mich, meine Mutter akzeptierte mich, meine Großeltern, die Tanten, meine Freunde, meine Mitschüler, doch was ist mit ihm? Was ist mit meinem Vater? Wird auch er mich akzeptieren?

Für mich hatte sich nichts groß geändert. Natürlich sah ich anders aus, doch das war auch das einzige, jedenfalls aus meiner Sicht. Ich fühlte mich nicht anders, ich fühlte mich schließlich schon immer in dem Körper eines Jungen. Doch für die anderen war es etwas Neues gewesen. Einerseits, denn andererseits war ich nie das typische Mädchen gewesen.

Dennoch war die Umstellung für meine Umgebung, für meine Mitmenschen, eine weitaus größere gewesen als für mich selbst. Jedoch hatte mein Umfeld, ganz zu meiner Freude, sehr positiv darauf reagiert. Ich erinnerte mich noch ganz genau an einen Abend. Fast drei Jahre war dieser mittlerweile her.

Meine Mutter hatte damals in der Küche gestanden und das Abendessen vorbereitet, während ich tränenüberströmt in die Küche gerannt kam und ihr in die Arme fiel. Noch immer sah ich ihren schockierten Gesichtsausdruck vor mir. Sie hatte sofort gefragt, was los sei, und sich anschließend mit mir im Wohnzimmer auf das Sofa gesetzt, mich feste in den Arm genommen und gewartet, bis ich mich ein wenig beruhigt hatte.

„Ich will die nicht", hatte ich damals völlig aufgebracht gesagt und zu ihr hochgeschaut.

Sie hatte mit beiden Händen durch mein langes, braunes Haar gestrichen.

„Die möchtest du nicht, habe ich Recht?"

Schluchzend hatte ich genickt.

Noch heute wusste ich ganz genau, wie viel Angst ich damals gespürt hatte. Gleichzeitig jedoch eine Erleichterung, die befreiender nicht hätte sein gekonnt.

„Das weiß ich, meine Kleine." Dann hatte sie mich mit in das Badezimmer genommen.

Und wenige Minuten darauf trug ich mein Haar kurz.

Noch immer sah ich dieses Bild vor Augen, wie meine Mutter und ich vor dem Spiegel standen, sie mich von hinten im Arm hielt, eine Träne über ihre Wange rollte, während sie lächelnd sagte: „Jetzt sehe ich dich auch endlich."

Dies war der Beginn gewesen, der Beginn in ein neues Leben, in einen neuen Körper, oder aber, um es anders und treffender zu fassen: Der Beginn meines Lebens, in meinem Körper.

Es war nicht immer leicht gewesen, es hatte viele Tränen gekostet, jedoch waren die meisten dieser Freudentränen gewesen. Endlich hatte ich Ich sein können, endlich im richtigen Körper.

Und nicht nur ich war glücklicher mit dieser Entscheidung, nein, auch meiner Mutter ging es seitdem weitaus besser, da ich endlich begonnen hatte, zu lächeln, ich hatte begonnen, fröhlich zu sein, es gab weniger Streitereien, denn endlich war ich glücklich, ein zufriedenes Kind, das wiederum machte, sie wahnsinnig glücklich.

Der Weg war hart gewesen, aber es hatte sich gelohnt, jeder Schritt hatte sich ausgezahlt, jede Mühe war belohnt worden und jede Träne hatte sich in ein Lächeln verwandelt. Ein Lächeln, das mich seitdem Tag für Tag begleitete.

Bis zu jenem Tag: Denn vor genau drei Wochen bekam meine Mutter einen Anruf, dass mein Vater bald zurückkommen würde. Wann genau, das konnte man uns nicht sagen. Drei Jahre lang hatten wir ihn nicht gesehen, hatten keinerlei Kontakt zu ihm haben können. Er wusste demnach nichts von meiner Umwandlung, von meiner Veränderung. Er dachte, er würde zu seiner Frau und seiner Tochter nach Hause kommen, doch in Wahrheit würde er eine von denen nie wiedersehen. Dieser Gedanke hatte mich über all die knapp drei Jahre immer wieder gequält, doch seit drei Wochen war dieser besonders präsent, besonders anstrengend und ätzend.

Der Schultag hinter mir, genauso wie der Weg nach Hause, klingelte ich und wartete darauf, dass meine Mutter öffnen würde.

„Du bist heute aber früh da", begrüßte sie mich.

„Die letzte Stunde ist ausgefallen."

„Das Essen braucht noch etwas. Möchtest du bis dahin etwas Obst essen?"
Ich nickte.

„Ach, komm her", sagte sie, umarmte mich und hielt meinen Kopf fest.

„Alles wird gut, glaube mir, versuche nicht die ganze Zeit daran zu denken."
Wieder nickte ich bloß, während ich versuchte, ihren Worten zu folgen, nicht mehr darüber nachzudenken, jedoch war dies nicht möglich.

„Ich habe eine Idee", sagte sie, nahm meine Hand und führte mich in die Küche.

Nachdem sie eine Schüssel Obstsalat gefüllt und mir diese übergeben hatte, bat sie mich, sie ins Wohnzimmer zu begleiten.

Dort kramte sie ein Fotoalbum aus einem der Schränke. Anschließend setzten wir uns auf die Couch.

„Ich möchte dir etwas zeigen." Sie schlug das Album auf.

„Die Fotos kenne ich doch schon", sagte ich, während ich versuchte, einen Bissen runterzubekommen.

„Das weiß ich. Es ist aber schon etwas her, seit wir sie uns das letzte Mal angesehen haben. Vielleicht hilft es dir, wenn wir sie uns jetzt nochmal anschauen."

„Wieso?"

„Damit du daran erinnert wirst, dass sich gar nicht so viel verändert hat, wie du vielleicht denkst."

„Schau mal", sagte sie nach einer kurzen Pause und zeigte auf ein Foto. Auf diesem sah man mich, sitzend auf dem Bett in meinem Kinderzimmer.

„Schau mich an. Natürlich hat sich viel verändert, so sehe ich doch nicht mehr aus."

„Hier", sagte sie, ihr Finger tippte auf den Fußball, der vor meinem Bett lag, anschließend auf das Bett, das die Form eines Autos hatte. „All diese Dinge, das bist du. Heute und auch schon damals. Aber das hier", sie zeigte auf die Stelle auf dem Foto, wo ich zu sehen war. „Das warst nie du. Was nie dagewesen war, kann sich auch nicht verändern."

Nach einer kurzen Pause lächelte sie und zeigte auf die Puppe, die neben meinem Schreibtisch lag. „Das ist das einzige, was sich tatsächlich verändert hat", sagte sie und schmunzelte.

„Oma hat das, glaube ich, als letzte verstanden", murmelte ich.

„Das stimmt. Früher waren die Zeiten anders. Heutzutage ist es nichts Außergewöhnliches mehr, aber damals, als deine Oma noch jünger war, war es das. Leider. Aber du weißt, mittlerweile hat sie das verstanden. Und geliebt hat sie dich trotzdem immer. Ich hoffe, das weißt du."

„Ja. Und jetzt schenkt sie mir auch endlich keine pinken Haargummis mehr", sagte ich leicht grinsend.

„Das stimmt!" Sie nahm mich in den Arm. „Ich weiß, dass Papa lange Zeit nicht da war, aber all die Jahre vorher, die ganzen neun Jahre, war er hier. Er weiß, wer du bist. Glaub mir, er weiß das."

„Hat er das damals gewusst? Habt ihr darüber gesprochen?"

„Nein. Aber ich weiß, wie sehr er dich liebt. Und ich weiß noch ganz genau, wie ich euch damals zum Einkaufen geschickt habe, um ein Kleid für die Hochzeit deines Onkels zu kaufen. Erinnerst du dich noch?“

„Ein wenig.“

„Was hat dein Papa damals gemacht?“

„Er ist mit mir einkaufen gefahren.“

„Die Geschichte mit der Rolltreppe.“

„Ach, so. Ja. Er ist nicht von der Rolltreppe runtergegangen, als wir auf der Etage für Mädchen angekommen sind. Wir sind stehengeblieben und eine Etage höher gefahren, um mir ein Hemd und eine Hose zu kaufen.“

„Siehst du, es hat sich nichts verändert. Wenn ihr das nächste Mal einkaufen fahrt, werdet ihr wieder dorthin fahren. Wieder auf diese Etage. Es ist alles beim Alten.“

„Danke“, sagte ich und schaffte es endlich, etwas zu essen.

Am Abend saß ich mit einem Schulbuch in der Hand auf meinem Bett. Doch wirklich konzentrieren konnte ich mich nicht. Ich legte das Buch bei Seite und sah mich in meinem Kinderzimmer um.

Meine Mutter hatte Recht, viel hatte sich nicht verändert. Na gut, die zwei Puppen, die ich damals von meiner Großmutter geschenkt bekommen hatte, besaß ich nicht mehr. Sie hatte es nur gut gemeint. Auch die Haargummis und Haarspangen lagen nicht mehr auf meinem Nachttisch, das Poster mit der Fee hing nicht mehr an der Wand. Aber ansonsten hatte sich nicht viel verändert. Das munterte mich auf.

Ich stand auf und stellte mich vor den Spiegel, der eine Seite meines Kleiderschranks schmückte.

Kaum sah ich mich in diesem, wurde meine Stimmung jedoch wieder bedrückt. Ich fuhr mit einer Hand über mein kurzes Haar. Was ist, wenn er mich nicht wiedererkennt? Abgesehen von meinem kurzen Haar hatte sich auch meine restliche Erscheinung stark verändert, aufgrund der Testosteron-Behandlung.

Ich schniefte und versuchte erneut meine Tränen zu unterdrücken.

Da ich jedoch wusste, dass mir nichts anderes blieb als abzuwarten, setzte ich mich zurück auf mein Bett. Das Schulbuch jedoch nahm ich an diesem Tag nicht mehr in die Hand. Stattdessen legte ich mich hin und weinte mich sehr langsam in den Schlaf.

*

Es war ein unbeschreibliches Gefühl. Unbeschreiblich, wortwörtlich. Selbst wenn ich wollte, ich hätte diese Freude in mir, dieses Gefühl, was ich empfand, als ich die letzten Meter bis hin zu unserem Haus ging, nicht beschreiben können. So glücklich wie in diesem Moment war ich noch nie zuvor gewesen. Nach drei Jahren würde ich sie endlich wiedersehen. Meine Familie, meine kleine Familie. Meine Tochter, meine Frau.
Es war nicht einfach als Soldat, ich wusste, es war das letzte Mal gewesen, noch einmal würde ich mich nicht so lange von meiner Familie trennen.
Aufgeregt und zitternd steckte ich den Schlüssel in das Haustürschloss, drehte ihn um und stand kurz darauf im Eingangsbereich des Hauses. Ich lauschte, doch konnte niemanden hören.
Als erstes ging ich in die Küche.
Dort fand ich einen Zettel, liegend auf dem Küchentisch, auf dem stand: Max, Schatz, ich bin mit Blacky beim Tierarzt, bitte iss heute allein zu Mittag.
Max?
Ich wollte sauer sein, doch es fiel mir schwer, schließlich hatte ich sie drei Jahre lang alleingelassen, anscheinend war es eine zu lange Zeit gewesen, um auf mich zu warten.
Ich schaute mich nach ihrem neuen Freund Max im Haus um, konnte jedoch niemanden finden.
„Lisa?", fragte ich leise in das Kinderzimmer meiner Tochter hinein.
Als niemand reagierte, öffnete ich die Türe ganz, doch sie schien nicht da zu sein. Sie ist wahrscheinlich noch in der Schule. Ich legte den Rucksack ab und setzte mich auf ihr Bett, nahm die Bettdecke in meinen Arm und roch an ihr.

*

Mal wieder war ich auf dem Weg von der Schule nach Hause.
Dort angekommen, schloss ich die Türe auf, befreite mich anschließend von meiner Jacke.

Ich sah den Zettel auf dem Küchentisch liegen und warf im Anschluss einen
Blick in den Topf auf dem Herd. Hm, lecker.
Bevor ich das Essen aufwärmen wollte, brachte ich meinen Schulranzen in
mein Kinderzimmer.
Erschrocken, ängstlich, doch auch freudig, blieb ich in der Zimmertüre
stehen, als ich meinen Vater erblickte.
Er drehte sich um und sah mich an.
Ich wollte ihm in die Arme springen, traute mich aber nicht, stattdessen blieb
ich wie angewurzelt stehen, senkte meinen Blick zu Boden, dieser fiel direkt
auf meine weißen Turnschuhe. Als ich von unten sah, dass er lächelte,
schaute ich wieder hoch, sah direkt in sein Gesicht. Er lächelte noch immer,
Tränen füllten seine Augen, doch das Lächeln verließ seine Lippen nicht.
„Max", sagte er schluchzend, zog die Nase hoch, eilte zu mir und nahm mich
in den Arm.
Nach gefühlten Minuten ließ er mich los, nahm meinen Kopf in beide Hände
und sagte: „Du hast mir so sehr gefehlt, mein Kleiner!"

Ja, so könnte es laufen. So sollte es laufen. Doch leider gibt es zu viele
Menschen auf dieser Welt, die eine ganz genaue Vorstellung davon haben,
wie ihr Kind sein und einst werden soll. Sie meinen es nur gut, sie wollen
nichts Böses, nur das Beste für ihr Kind. Sie machen sich viele Gedanken,
weil sie ihr Kind lieben. Aus diesen Gedanken entsteht ein Plan. Dieser Plan
wird mit aller Kraft umgesetzt, mit dem Ziel, das Kind glücklich zu machen.
Sie haben so lange an diesem Plan gefeilt, sich so viele Gedanken gemacht,
sich den Kopf zerbrochen, also wird es schon richtig sein.
Doch wir Menschen obliegen nicht der Mathematik und somit kann man uns
nicht berechnen. Genauso wenig gibt es nur eine richtige Lösung, wir sind
Menschen, keine Rechenaufgabe, bei der es das eine richtige Ergebnis gibt,
kein anderes.

Doch eines haben wir mit der Mathematik gemeinsam: Nicht immer gibt es den einen richtigen Weg. Jeder Mensch ist anders und somit sind es auch die Wege, die wir gehen, die wir gehen sollten. Wir Menschen müssen uns entfalten können, um uns zu finden. Doch leider gibt es Eltern, die das nicht sehen, die ihren Plan haben und an diesem festhalten. Ich bin nicht wütend, denn ich weiß, ihr meintet es nur gut, ihr wart der Überzeugung, das Richtige zu tun. Doch heute weiß nicht nur ich, nein, auch ihr, einen Menschen kann man nicht leiten. Man kann ihn anlernen, ihm zur Seite stehen, ihn unterstützen, und ja, man kann ihn auch lenken, man kann ihm Richtungen zeigen, ihm erklären, doch die Richtung aussuchen, nein, das konntet ihr nicht.

Sicherlich, einen gewissen Zeitraum gelingt einem das. Auch erfolgreich. Das Kind zieht mit. Wieso? Weil es gar keine Wahl hat! Zu jung, um zu verstehen.

Doch das Kind wird älter. Es fängt an, sich zu wehren, es quengelt und schreit. Denn es sieht Kinder da draußen, die sein dürfen, wie sie möchten. Sie sieht Kinder, die sein dürfen, wer sie möchten. Sie sieht ein Mädchen auf ihrer Kommunion in einem Anzug, dieses Mädchen, das kein Kleid tragen muss. Und dann schaut sie an sich herunter, sieht das Kleid, welches sie trägt, und weiß, dass irgendetwas nicht stimmt. Doch sie weiß nicht, was es ist, da ihr immer nur ein Weg gezeigt wird. Aber ihre Eltern wissen es, sie wissen es schon lange. Schon in jungen Jahren sprach sie die Bitte, sie wolle kurzes Haar, doch ihre Eltern erlaubten es nicht. Die Eltern wissen genau, was ihr Kind will, doch sie sehen es nicht, zu festgefahren ist ihr Bild der Gesellschaft. Das Mädchen hätte schon längst begriffen, was genau mit ihr nicht stimmt, würde man den Weg mit ihr gehen. Doch so sieht das Mädchen die Wahrheit nicht. Sie weiß immer bloß, jeden Tag, es stimmt etwas nicht. Von Jahr zu Jahr, ihre Stimme wird lauter, die Zickereien häufen sich, Streitigkeiten beginnen zum Alltag dazuzugehören. Alles artet aus, sie weiß noch immer nicht warum, doch auch die Eltern wissen es nicht, zu lange haben sie sich selbst eingeredet, sie täten alles richtig. So lange, bis sie es selbst glaubten und die Realität nicht mehr sahen.

Das Mädchen wird erwachsen, mit achtzehn zieht sie aus. Sie flieht, weiß, sie werde erst einmal nicht zurückkommen. Sie weiß, sie werde erst einmal Abstand brauchen. Zu viel war passiert, zu vieles, was sie nicht vergessen kann.

Ein Jahr später.

Wie jeden Morgen beginnt auch dieser Tag für die Frau, im Badezimmer. Ihr langes, helles Haar glättet sie, ihr Gesicht veredelt sie mit einer Schicht Make-up, die Fake-Wimpern dürfen natürlich auch nicht fehlen.

Anschließend schlüpft sie in ihre figurbetonte Kleidung, darunter ein Push-up-BH, damit ihre Brüste auch gut zur Geltung kommen. Sie ist schließlich eine Frau, und das soll die Welt auch sehen.

Doch, so wirklich zufrieden mit sich selbst ist sie nicht. Vielleicht ist es die Haarfarbe?

Sie färbt ihr Haar dunkel.

Und tatsächlich! So gefällt es ihr. Jedenfalls für ein paar Tage, dann scheint auch das nicht mehr das Richtige zu sein.

Wieder eine neue Haarfarbe, wieder ein paar Tage, die es sie glücklich macht. Doch auch dann wieder der Rückschlag. Sie probiert alle möglichen Haarfarben aus, lässt sich einen Pony schneiden, diesen wieder rauswachsen, versucht sich anders zu schminken, andere Farben, die Lippen größer, oder doch kleiner? Zupft ihre Augenbrauen anders. Ganz egal was sie tut, anfangs scheint diese Veränderung immer eine gute Entscheidung zu sein, sie ist zufrieden, doch immer wieder hält dies nur wenige Tage an, in seltenen Fällen auch ein paar Wochen, und schon fühlt sie sich wieder hässlich, unwohl, und ist einfach nur unzufrieden mit sich selbst. Für einen kurzen Moment ist man froh, die Maskerade abgenommen zu haben, doch nur so lange, bis man bemerkt, dass auch das Neue nur eine Fassade ist. Das kann nicht ungestraft bleiben, das macht die Seele nicht auf ewig mit, irgendwann wird es ihr zu viel, sie sendet Warnsignale. Diese werden ignoriert, nicht ernstgenommen, und irgendwann ist es dann so weit, sie macht dicht, sie kann nicht mehr. Die Depression schlich langsam daher.

Mittlerweile weiß sie, was sie will, sie weiß, was sie sein will, sie weiß, was sie all die Jahre sein sollte, doch wenn einem ein Leben lang eingetrichtert wird, was man sein soll, ist es schwer, den nötigen Mut aufzubringen. Ihr fehlt der Mut. Die Angst, von anderen verurteilt, von anderen nicht akzeptiert zu werden, ist groß. Ja, die Welt mag sie, doch sie selbst hasst sich. Von Monat zu Monat immer mehr. Sie hat Angst, ihre Freunde zu verlieren.

Angst, ganz allein dazustehen.

Also lässt sie sich ihr Haar nur ein wenig kürzer schneiden.

Es gefällt ihr. Sehr sogar. Und das nicht nur für kurze Zeit.

Aber es reicht nicht.

In einer Nacht, sie ist nervlich am Ende, die Friseure um diese Uhrzeit geschlossen, greift sie selbst zur Schere, schneidet ihr Haar kurz.

Und das ist das erste Mal, dass sie in den Spiegel sieht und sich wohlfühlt. Ungeschminkt, das Haar kurz. Doch so traut sie sich nicht raus, nicht mal unter ihre Freunde, sodass sie eine Mütze überzieht und Schminke aufträgt, immer dann, wenn sie das Haus verlässt oder Besuch empfängt. Ihre Freunde wissen zwar, dass sie es nun kurz trägt, doch sie traut sich nicht, es ihnen zu zeigen.
Da sie jedoch nicht immer eine Mütze tragen möchte, lässt sie ihr Haar wenigstens wieder Schulter lang wachsen.
Alles ist wieder so wie vorher, ein paar Monate später, bis auf die Tatsache, dass sie sich von Tag zu Tag immer weniger schminkt.
Bis es sie letztendlich nur noch ungeschminkt gibt. Die Schminke rührt sie nicht mehr an, doch sie steht noch immer auf ihrem Schminktisch.
Sie bestellt Herrenkleidung im Internet, die wenige Tage später ankommt.

Und wieder eine Nacht, in der sie nicht schlafen kann. Wieder eine Nacht, sie liegt weinend in ihrem Bett, wieder geht sie ins Badezimmer und greift zur Schere. Wieder schneidet sie ihr Haar kurz.
Dann eilt sie in die Küche, kramt einen Müllbeutel aus einem der Schränke und beginnt, all ihre Schminke und die weibliche Kleidung in den Beutel zu stopfen. Zum Schluss greift sie nach ihrem Parfüm, ihrem Haarshampoo und dem restlichen Duschzeug, auch diese Sachen landen im Müllbeutel.
Es ist komisch für sie, den fast leeren Kleiderschrank und das leergeräumte Badezimmer zu sehen. Und doch spürte sie noch nie zuvor eine solche Erleichterung.

Am Morgen macht sie sich auf in die Stadt, um neues Parfüm zu kaufen, neues Duschgel, neues Shampoo.
Es fühlt sich ungewohnt für sie an, es ist das erste Mal, dass sie ohne Mütze draußen ist, seit sie eine Männerfrisur trägt. Sie ist völlig verwundert darüber, dass sie keinen Scharm verspürt. Sie hat damit gerechnet, im Erdboden zu versinken, doch so ist es nicht, ganz im Gegenteil, sie hat mit einem Mal ein Selbstbewusstsein, das sie so zuvor noch nie an sich selbst wahrgenommen hatte. Doch sie weiß, all diese Leute, es sind Fremde. Wie wird ihr bester Freund reagieren? Sie würde es nicht ertragen, ihn zu verlieren, er ist der wichtigste Mensch in ihrem Leben.

Einige Stunden später, am Abend, trifft sie sich mit ihm. Angespannt öffnet sie ihm die Türe.

Sie verbringen ein paar Stunden miteinander, dann fragt er: „Warst du beim
Friseur?"
Sie nickt.
„Ich wusste doch, irgendwas ist anders."

Wir alle brauchen Menschen, wenigstens einen, bei dem wir sein können,
wie wir möchten.
Es sollte eine Selbstverständlichkeit sein, aber leider ist es das nicht. Und das
wird es auch nie sein. Es wird immer Eltern da draußen geben, die ihre
Kinder versuchen zu zeichnen. Diese Zeichnungen sind zwar radierbar, doch
es kostet viel Zeit, viele Tränen, und ein grauer Schimmer wird immer
bleiben.

Es ist naiv, zu glauben, dass man als einzelner alles erreichen, aber nicht alles zerstören kann.

Kontaktinformation

Sarah Maria Klein
 c/o Block Services
Stuttgarter Str. 106
70736 Fellbach
s.klein.autorin@web.de

Druck: Amazon
Marcel-Breuer-Str. 12, 80807 München

Copyright
Das Werk, einschließlich seiner Teile, ist urheberrechtlich geschützt. Jede Verwertung ist ohne Zustimmung des Autors unzulässig.